Der blaue Planet

Einführung in die Ökologie

Von
Josef H. Reichholf

Mit Schwarzweißabbildungen von
Nadine Schnyder

W0105135

Deutscher Taschenbuch Verlag

Ein Überblick über die gesamte Reihe findet sich am Ende des Bandes.

Originalausgabe
November 1998
© Deutscher Taschenbuch Verlag GmbH & Co. KG, München
Umschlagkonzept: Balk & Brumshagen
Umschlagfoto: © FOCUS, Hamburg
Redaktion und Satz: Lektyre Verlagsbüro
Olaf Benzinger, Germering
Druck und Bindung: C. H. Beck'sche Buchdruckerei, Nördlingen
Gedruckt auf säurefreiem, chlorfrei gebleichtem Papier
Printed in Germany · ISBN 3-423-33033-3

Inhalt

Vorbemerkung des Herausgebers

Die Anzahl aller naturwissenschaftlichen und technischen Veröffentlichungen allein der Jahre 1996 und 1997 hat die Summe der entsprechenden Schriften sämtlicher Gelehrter der Welt vom Anfang schriftlicher Übertragung bis zum Zweiten Weltkrieg übertroffen. Diese gewaltige Menge an Wissen schüchtert nicht nur den Laien ein, auch der Experte verliert selbst in seiner eigenen Disziplin den Überblick. Wie kann vor diesem Hintergrund noch entschieden werden, welches Wissen sinnvoll ist, wie es weitergegeben werden soll und welche Konsequenzen es für uns alle hat? Denn gerade die Naturwissenschaften sprechen Lebensbereiche an, die uns – wenn wir es auch nicht immer merken – tagtäglich betreffen.

Die Reihe ›Naturwissenschaftliche Einführungen im dtv‹ hat es sich zum Ziel gesetzt, als Wegweiser durch die wichtigsten Fachrichtungen der naturwissenschaftlichen und technischen Forschung zu leiten. Im Mittelpunkt der allgemeinverständlichen Darstellung stehen die grundlegenden und entscheidenden Kenntnisse und Theorien, auf Detailwissen wird bewußt und konsequent verzichtet.

Als Autorinnen und Autoren zeichnen hervorragende Wissenschaftspublizisten verantwortlich, deren Tagesgeschäft die populäre Vermittlung komplizierter Inhalte ist. Ich danke jeder und jedem einzelnen von ihnen für die von allen gezeigte bereitwillige und konstruktive Mitarbeit an diesem Projekt.

Das vorliegende Buch beschäftigt sich mit der Wissenschaft vom »Haushalt der Natur«. Josef H. Reichholf führt die Ökologie – in Politik und Gesellschaft zu einem oft genug ideologisch (fehl-)besetzten Schlagwort geraten – zurück auf ihre na-

turwissenschaftlichen Grundlagen. In klaren und eindrucksvollen Beispielen erklärt er fundamentale Zusammenhänge
und Wechselbeziehungen von Nahrungskette, Stoffwechsel-
system, Populationsgemeinschaft und Artenvielfalt. Am über-
raschendsten ist dabei immer wieder die Erkenntnis, daß die
Natur doch so ganz anders ist, als wir sie uns wünschen mögen. So ist etwa das »Gleichgewicht der Natur« eher unsere
Idealvorstellung als ein natürlicher Grundzustand. Oder ein
anderes Beispiel: die Tatsache, daß sich in der ehemaligen
DDR, einem Land mit außerordentlicher Naturbelastung, eine erheblich größere Artenvielfalt erhalten hat als in der alten
Bundesrepublik, in der »ökologische« Kriterien eine ungleich
höhere Rolle spielten. Über eines sind sich alle im klaren: Die
Umwelt muß geschützt werden; doch man kann nur schützen, was man auch kennt. Dieses Buch bietet einen ersten Ein-
stieg.

Olaf Benzinger

Der Adler auf dem Hochspannungsmast

Wir leben offensichtlich in einer Zeit der Ökologie. Es dreht sich viel um sie; so viel, daß sich Parteien mit ökologischem Programm oder Monogramm etabliert haben. Sie streben an die Macht und wollen den »ökologischen Umbau« der Gesellschaft, eine »ökologische Steuerreform« und überhaupt alles »ökologischer«. Denn, so die zugrundeliegende Meinung, wir brauchen eine ökologische Lebensweise, um überleben zu können. Längst hat sich die Wirtschaft der Ökologie bemächtigt, und wer nicht schon wie Jäger und Förster ein grünes Mäntelchen hatte, legt sich flugs eines um. Schließlich weiß man um die Kraft des Wortes: »Alles öko, alles o.k.!« So muß es ihr also gutgehen, dieser Ökologie. Merkwürdigerweise scheint genau das Gegenteil der Fall zu sein, denn wer anmahnt, »ökologischer« zu handeln oder zu leben, ist offenbar mit der öffentlichen »Öko-Fixierung« immer noch nicht zufrieden. Im Gegenteil: Wer sich für mehr Ökologie einsetzt, entwirft düstere Zukunftsszenarien, verkündet Umweltskandale und findet Bedrohliches in den letzten Spuren, die einer der größten Gegner der modernen Ökologie-Bewegung, die Chemie, mit Hilfe physikalischer Feinstmethoden gerade eben noch meßbar gemacht hat. Nicht gut ist es um die Ökologie bestellt, deshalb brauchen wir mehr Ökologie! So klar und einfach liegen die Dinge. Oder vielleicht nur die Worte? Was steckt dahinter? Was ist »Ökologie«?

Wenn wir das nicht schon längst aus dem täglichen Umgang mit ihr wüßten, könnte diese Frage sogar berechtigt sein. Aber da selbst Politiker wortreich und überzeugungsheischend von Ökologie reden, sollte alles klar sein! Oder doch nicht? Vergegenwärtigen wir uns dazu das, was im vergangenen halben Jahrhundert bei uns, mitten in Deutschland abgelaufen ist. Das Land war geteilt, in zwei grundverschiedene politische Systeme gespalten und zwei miteinander aufs schärfste konkurrierenden Machtblöcken angeschlossen. Dabei fand etwas statt, das man mit Fug und Recht als ein ökologisches Großexperiment bezeichnen könnte, wenn es auch nicht als Experiment gedacht war: Das Land im Osten wurde nach ganz anderen Prinzipien und aus einem ganz anderen Selbstverständnis der Bevölkerung heraus bewirtschaftet als das Land im Westen. Ein Sperrgürtel, »Eiserner Vorhang« recht zutreffend genannt, trennte die beiden Bereiche und ließ nur hindurch, was die Luft brachte oder fliegen konnte. Die Grenze war keine natürliche Grenze, sondern eine willkürlich von Menschen gemachte, die vorher zusammenhängende Landschaften durchschnitt und trennte. Was sich auf der einen Seite im Verlauf von rund vier Jahrzehnten abspielte und entwickelte und was auf der anderen Seite, bot nach dem Fall der Grenze und der Wiedervereinigung – dem Ende des Großexperiments – die Möglichkeit eines umfassenden Vergleichs. Und unversehens war damit auch eine Wissenschaft auf den Prüfstand gekommen, die im Westen schon ein Vierteljahrhundert vor der Wiedervereinigung zur Lebenshaltung, zum politischen Programm und zu etwas wie einer Ersatzreligion geworden war.

Der unvermittelt freie Zugang zum Westen wie zum Osten legte Erstaunliches offen. Wie sollte man das verstehen? Im Osten war bei der Wiedervereinigung Ökologie im wesentlichen als Wissenschaft bekannt und Umweltschutz bitter nötig, weil die Standards hierzu noch weit unter denen des Westens lagen, wo vielerorts die Luft und die Gewässer längst sauber geworden waren. Östliche »Mondlandschaften«, wie sie der Tagebau und die großflächigen Truppenübungsplätze hinterlassen hatten, waren im Westen unbekannt und wären nie genehmigungsfähig gewesen. Über ausgedehnten Regionen stank im Osten die Luft und beißender Rauch quoll aus Fabrikschornsteinen und Kaminen. Auf Flüssen trieben Schaumberge und eine schier unglaubliche Chemikalienfracht war unterwegs, bis sie nach und nach ausdünnte. Abfälle aus Schlachtereien waren ausgelegt oder als verdünnte Soße in große Teiche eingeleitet worden, und riesige Felder dehnten sich von Horizont zu Horizont, kontrolliert von Produktionsgenossenschaften, die auch gewaltige Herden von Rindern oder riesige Rotten von Schweinen »bewirtschafteten«, ohne sich nennenswert darum zu kümmern, was mit den Abfällen und Abwässern aus diesen Groß-Tierhaltungen wird. Wie sollte der mit Natur- und Umweltschutz vertraute, der Ökologisierung unserer Gesellschaft anhängende Besucher aus dem Westen begreifen, was er dennoch im Osten zu sehen bekam: Tiere, die es im Westen schon lange nicht mehr gab. Sie hatten im Osten überlebt, und zwar in gar nicht so geringer Zahl, sondern in eindrucksvollen Beständen.

Da schwammen Biber an Elbe und Mulde, obgleich das Wasser dieser Flüsse nach westlichen Standards als »Sondermüll« hätte entsorgt werden müssen, Fischotter waren weit verbreitet, Störche ließen sich in großer Zahl sehen; auch die seltenen Schwarzstörche. Aber am eindrucksvollsten mußten für den Naturfreund sicher die damals zusammen mehr als 300 Brutpaare von See- und Fischadlern gewesen sein. Vom Seeadler gab es zum Zeitpunkt der Wiedervereinigung gerade fünf oder sechs Brutpaare in der alten Bundesrepublik Deutschland, und diese befanden sich nahe der DDR-Grenze im Nordosten. Vom Fischadler war im Westen kein einziges Brutpaar verblieben. Und da steht man nun, schon nahe dem wunderschön gelegenen und sehr gut erhalten gebliebenen Müritzseen-Gebiet, heute Nationalpark, und schaut einem Fischadler zu, der von irgendwoher geflogen kommt, einen Fisch in den Fängen hat und damit auf einen der großen Hochspannungsmasten zusteuert, die sich in der mechanischen Starre eines technischen Gebildes in Reih und Glied bis zum Horizont über die baum- und strauchlose Riesenfläche einer landwirtschaftlichen Produktionsgenossenschaft hinziehen. Auf den Hochspannungsmasten – und das gleich auf mehreren – befinden sich große Horste. Einen davon fliegt der Fischadler an, gar nicht weit von der Straße entfernt, landet und verfüttert die Beute an die kleinen Jungen! So viel Wald umgibt die Seen, ein besonders schöner, an alten, hohen Bäumen reicher noch dazu, aber das Fischadlerpaar hat seinen Horst auf dem Hochspannungsmast bezogen; wie eineinhalb Hundert Paare seinesgleichen! Tendenz zunehmend, wie wir wissen, den Fischadlern scheinen die Gittermasten zuzusagen. Einen Vorteil bieten sie auf jeden Fall: Sie wackeln nicht wie Bäume im Sturm, der oft genug, mitunter zu oft, über die Tiefebene fegt. Außerdem besteigt wohl auch niemand einen der Hochspannungsmasten, um den Fischadlern ins Nest zu schauen. Doch das ist bei der Vertrautheit, die diese großen Greifvögel zeigen, eher nebensächlich.

Wenige Kilometer davon entfernt, an einem großen Fischteich, spielt sich ein kaum weniger eindrucksvolles Ereignis ab. Seeadler, an ihrem Gefieder leicht als Jungvögel der letzten Jahre zu erkennen, üben sich im Karpfenfang. Gleich zu mehreren erproben sie die Technik und versuchen mitunter, sich auch gegenseitig die Beute wegzunehmen. In der braunen Brühe sind die Karpfen schwer zu erkennen, aber es müssen viele vorhanden sein, das zeigt sich an den Kiellinien, welche die Rücken der Fische immer wieder an der Wasseroberfläche ziehen. Zwölf oder mehr Seeadler sind versammelt. Ein Altvogel mit weißem Schwanz und hellem Kopf kommt hinzu, holt schnell einen Fisch und streicht damit über die Bucht des nahe liegenden Sees zu seinem Horst. Wo gibt es einen Platz, an dem man in einer halben Stunde mehr als zehn verschiedene Seeadler beobachten kann? Daß immer wieder auch Kraniche darüber hinwegziehen, daran gewöhnt sich der Betrachter rasch, denn am Ufer wimmelt es von Vögeln und Insekten, deren Stimmen und Stiche auf jeweils ihre Weise aufregen. Auf die vielen Bussarde, Weihen und Falken achtet man kaum mehr. Zehn Greifvogelarten und mehr an einem Tag sind keine Seltenheit, kaum eine Autostunde von Berlin entfernt.

Wählen wir einen größeren Blickwinkel, so ergibt sich das schier Unglaubliche in aller Deutlichkeit: Der »Eiserne Vorhang« war vierzig Jahre lang eine Grenze nicht nur zwischen den politischen Systemen, sondern auch für die Natur. Auf der einen Seite, im Osten, wo der Umweltschutz so wenig galt und auf die Natur, wie es schien, keine Rücksicht genommen wurde, blieb diese in ihrem Artenreichtum erhalten. Viele Arten, vor allem die großen wie Bär und Wolf, Luchs und Biber oder See- und Fischadler, Kranich und Trappe und viele andere mehr überlebten, während sie im Westen selten wurden oder verschwanden. Im Osten flogen Schmetterlinge in bunter Fülle, blühten Blumen, quakten die Frösche, während sich im Westen Eintönigkeit breitmachte, die Falter verschwanden und um so mehr Arten auf die »Roten Listen« gesetzt werden mußten, je intensiver sich der Naturschutz um ihre Erhaltung bemühte.

Es war paradox. Dabei hatte der Westen doch so eindrucksvolle Erfolge vorzuweisen! Über dem Ruhrgebiet war der einst von den Rauchwolken aus den Stahlwerken und Fabrikschloten verdüsterte Himmel wieder blau geworden. Die Flüsse und Seen erreichten dank des Einsatzes gewaltiger Geldmengen für den Bau von Kläranlagen wieder gute Wasserqualitäten und dürfen fast überall als Erholungsgebiete genutzt werden. In Wald und Flur geht es geordnet zu, und schon moderat erscheinende Eingriffe in den Naturhaushalt erzeugen Widerstand oder werden mit Argusaugen von Umweltbehörden und -verbänden mitverfolgt. Ein großartiges Überwachungssystem garantiert schnellste Informationen über Luftverunreinigungen oder Wasserverschmutzungen. Vor Ozon wird gewarnt, die privat genutzten Kraftfahrzeuge haben fast alle Katalysator, das Benzin keinen Bleizusatz mehr und so fort. Was wollen wir noch mehr? Was sollen wir für den Umweltschutz noch tun, wird sich mancher fragen? Vielleicht zeitweise die Luft anhalten, um weniger Kohlendioxid freizusetzen, den Energieverbrauch drastisch verteuern oder unsere Lebensweise von Grund auf ändern. Beinahe sarkastisch möchte mancher Naturschützer hinzufügen: Wie kann uns die Natur in der ehemaligen DDR das nur antun – so verschmutzt, so belastet und doch so artenreich zu sein! Hier im Westen, wo wir so viel getan haben, ist alles nur schlechter geworden!

So verständlich der Unmut sein mag, so hat doch alles seine Richtigkeit. Die Natur funktioniert in der ehemaligen DDR nicht anders als im Westen. Ihre Gesetzmäßigkeiten sind die gleichen! Wir müssen uns die Gründe und die Hintergründe nur genauer ansehen, dann wird das Gemeinsame hervortreten und es werden sich auch die nicht wenigen und nicht geringen Mißverständnisse herausschälen, die zu falschen Einschätzungen der Lage und der Entwicklung geführt haben.

Die zugehörige Wissenschaft, die Ökologie, ist zwar schon über hundert Jahre alt, aber tiefere Einblicke in den Naturhaushalt gewann sie erst in jüngster Zeit. Vorher war viel vermutet, angenommen oder einfach falsch interpretiert worden, weil die Zeitspannen noch zu kurz gewesen sind, um die Entwicklungen zu erkennen. Zudem haben sich viele wohlmeinende und um die Zukunft besorgte Menschen die Ökologie zu eigen gemacht, um damit Natur- und Umwelt-

14

schutz zu betreiben oder gar eine neue Lebensphilosophie aufzubauen. Was man damit erreicht, hängt ganz entscheidend davon ab, wie gut die wissenschaftlichen Grundlagen sind. Ein Haus, sei es ein noch so schönes, wird nichts taugen und bei einer entsprechenden Beanspruchung in sich zusammenstürzen, wenn das Fundament nicht tragfähig ist. Die Ökologie handelt in gewisser Weise auch von einem »Bauwerk«; ihr Name verrät das über seinen Ursprung aus dem Griechischen: Er kommt von »oikos«, Haus. Gemeint ist das »Haus der Natur«, der Naturhaushalt, mit dem sich die Ökologie befaßt. Wollen wir die Vorgänge in der belebten Natur verstehen und für unsere Zwecke oder Zielvorstellungen nutzen, bleibt uns gar nichts anderes übrig, als so vorzugehen, wie das Physik oder Chemie – angewandt in der Technik – das in ihren Bereichen der unbelebten Natur, der Kräfte und Stoffe und ihrer Veränderungen und Umsetzungen, auch getan haben. Wir müssen die Spielregeln kennenlernen, erst dann können wir die vielfältigen Spiele verstehen, die das Leben auf der Bühne der Natur aufführt. Kennen wir die Regeln und Gesetze, lassen diese sich auch anwenden, und wir können entsprechende (Voraus-)Berechnungen anstellen oder Vorhersagen treffen. Kennen wir sie nicht oder nicht genügend, werden unsere Annahmen zwar mitunter zutreffen, aber nicht selten auch danebengehen. Doch wir brauchen eine möglichst große Sicherheit, weil wir in diesem Haushalt der Natur leben. Es gibt keine Alternative dazu!

Der Naturhaushalt unter der Lupe

Ernst Haeckel, 1866

Der große deutsche Biologe Ernst Haeckel (1834 – 1919) prägte in seinem Werk ›Generelle Morphologie‹ im Jahre 1866 erstmals den Fachbegriff »Ökologie« und gilt deshalb als Begründer dieser Wissenschaft, die von Anfang an das Leben mit der unbelebten Natur verband. Alexander von Humboldts ›Ansichten der Natur‹ beeinflußten nachhaltig die Sichtweise, die Ernst Haeckel vom Naturhaushalt gewann und zu einer neuen Wissenschaft formte, denn Humboldt versuchte – als einer der letzten, die noch umfassende Kenntnisse über alle Bereiche der Natur hatten – diese in ihrer Ganzheit zu erfassen. Doch die rasch voranschreitenden Kenntnisse in den verschiedenen Teilbereichen machten es bald für einen einzelnen Menschen unmöglich, all die neuen Erkenntnisse aufzunehmen, zu verarbeiten und in eine ganzheitliche Betrachtung und Bewertung der Natur zusammenzubringen. Der Weg führte in die Zersplitterung, ins Detail. Dort lockten die Erfolge und dort versenkten sich fortan die besten Forscher, um in immer kleiner werdenden Bereichen immer tiefer in die Geheimnisse der Natur einzudringen. Ernst Haeckel versuchte sich in seiner ›Generellen Morphologie‹ wie auch in seinem Spätwerk ›Welträtsel‹ von 1904 in der einheitlichen Interpretation der Welt und wurde zu einem Exponenten der sogenannten Freidenker.

Als Freund und Anhänger von Charles Darwin trug er ganz entscheidend dazu bei, daß sich die Lehre von der Evolution schnell im deutschsprachigen Raum ausbreitete und bei den Biologen (und darüber hinaus auch in Kreisen von

Nicht-Naturwissenschaftlern) durchsetzte. Ernst Haeckel prägte damit auch nachhaltig die Vorstellungen vom »Naturhaushalt« und wie dieser funktioniert. Seine Begriffswahl war glücklich und unglücklich zugleich. Glücklich weil man mit »Ökologie« sogleich die »Wirtschaftslehre von der Natur« verstehen konnte. Die Bewohner eines Hauses wirtschaften, um sich und das Ganze, das Haus (oikos) zu erhalten. Sie gliedern dieses in Räume und Bereiche mit unterschiedlichen Funktionen, üben selbst unterschiedliche Tätigkeiten aus und besetzen verschiedene Nischen im Haus oder wachsen in sie hinein. Das Ganze funktioniert nur, weil es von außen Material und Energie erhält und seine Abfälle wieder abgibt. Es handelt sich eben um ein Wirtschaften, und zwar, wie wir heute sagen würden, um nachhaltiges Wirtschaften! Da dieses nach bestimmten, mehr oder minder festen Regeln oder Gesetzen abläuft, müßte es eigentlich »Ökonomie« heißen, weil zum griechischen »oikos« der Begriff des Gesetzes, der Gesetzmäßigkeit, »nomos« hinzukommt. Aber diesen Begriff gab es schon, und Ernst Haeckel mußte seinen »Naturhaushalt« von dem des Menschen unterscheiden. Also benutzte er den griechischen Begriff für Lehre und Geist, »logos«, der auch in der Bio-logie steckt und in vielen anderen Wissenschaften – und die Ökonomie, das Wirtschaften des Menschen, erhielt einen Zwillingsbruder, die Ökologie, das Wirtschaften der Natur!

Ernst Haeckel erläuterte und präzisierte im Jahre 1870, was er mit Ökologie meinte, nämlich: »die Lehre von der Oeconomie, von dem Haushalt der thierischen Organismen«. Damit wurde die Ökologie, obwohl überraschenderweise auf die Tiere beschränkt (weil diese etwas tun, während die Pflanzen nur so »rumstehen«), tatsächlich zur Ökonomie. Ursprünglich (1866) hatte Ernst Haeckel noch den Begriff als die »gesamte Wissenschaft von den Beziehungen des Organismus zur umgebenden Außenwelt« verstanden haben wollen – eine Sichtweise, wie sie noch lange vorherrschend blieb. Denn noch zu Beginn des 20. Jahrhunderts, also mehr als fünfzig Jahre, nachdem Ernst Haeckel den Begriff Ökologie geprägt und definiert hatte, trug ein großes, weitverbreitetes und einflußreiches Lehrbuch den Titel ›Das Tier als Glied des Naturganzen‹ (R. Hesse und F. T. Doflein, 1914).

Dabei hatte schon bald nach der Haeckelschen Begründung der Wissenschaft der Ökologie ein anderer deutscher Zoologe, Karl August Möbius (1825 – 1908), das entscheidende Teilstück für die Entwicklung der Ökologie mit seinem Begriff der »Biocoenose« geliefert. Möbius war ein Meeresbiologe, der sich mit Reisen zu den Seychellen und nach Mauritius für die damaligen Zeiten besondere Kenntnisse über tropische Meere erworben hatte. Er erkannte, daß sich die Zucht von Austern, die zunehmend lukrativer wurde, nur mit verbesserten Kenntnissen der Lebensweise dieser Muscheln intensivieren ließ. Seine Untersuchung über das Zusammenleben der Austern auf den Austernbänken im Meer wurde nicht nur ein Klassiker, sondern sie gilt auch als Ursprung für den Begriff des Zusammenlebens von Organismen in einer Gemeinschaft, in der »Lebensgemeinschaft« oder eben Biozönose.

Die Austernbank eignet sich für diese Betrachtung besonders gut, denn die einzelnen Austern bilden eine dichtgedrängte, festsitzende Gemeinschaft, die von außen mittels der Meeresströmung mit Nahrung versorgt wird. Das Meer trägt auch die Abfallstoffe fort und beeinflußt den Verlauf und Erfolg der Fortpflanzung der Austern. Andere Meerestiere konkurrieren mit den Austern um Platz, um Lebensraum. Die Gemeinschaft ist stabiler und konkurrenzstärker, als die einzelne Muschel je sein könnte, dies zeigt sehr gut, daß sie mehr ist als die bloße Zusammenfassung, die Summe der Einzeltiere. Die Beziehungen untereinander sowie zwischen den verschiedenen Arten, die auf einer Austernbank leben, gestalten sich in komplexer, aber erkennbarer Weise, so daß sich das Verhalten der Gemeinschaft – und eventuell auch ihr Ertrag bei wirtschaftlicher Nutzung – vorhersagen läßt. Die große Weltsicht Ernst Haeckels erhielt mit der »Lebensgemeinschaft« den Begriff für die funktionierenden Teilstücke, die das große Ganze, den Naturhaushalt der Erde, zusammensetzen. So weit, so klar – der Aufstieg der Ökologie konnte beginnen! Daß es dennoch nicht so recht klappte mit dem Start, lag an der Denk- und Arbeitsweise der Naturwissenschaftler, die sich immer mehr in die Analyse, ins Aufdecken der Details vertieften und den Blick auf die Gesamtheit zumindest zurückstellten, wenn nicht verloren.

Haeckels Ökologie war eben auch ein unglücklich gewählter Begriff, weil er entgegen dem Trend der Zeit die Ganzheit betonte und die Natur in ihrer Einheitlichkeit fassen wollte. Diese Geisteshaltung wirkt bis heute nach, und am Spannungsverhältnis zwischen den Teilen und dem Ganzen scheiden sich nach wie vor die Geister. Jedenfalls paßte die Ökologie schon damals zur schwärmerischen Natursicht, wie sie die Jugendbewegung und die Romantik als Lebensauffassung pflegten. Das kalte, nüchterne und weitestgehend persönlich unbeteiligte Eindringen in die kleinen und kleinsten Bausteine der Natur war und ist ihr fremd. Viel besser paßt zum »ökologischen Denken« die Vorstellung, daß alles und jedes seinen Platz im Haushalt der Natur hat und zum großen und geheimnisvollen Räderwerk gehört, dem nichts fehlen dürfte, um funktionstüchtig zu bleiben: der Naturhaushalt, versinnbildlicht durch die Uhr, deren Gang »richtig« ist, wenn alle Teilstücke vorhanden und aufeinander abgestimmt sind. Gemeinsam bilden sie, das wurde nach und nach immer deutlicher, ein »System«, doch es dauerte rund siebzig Jahre, bis diese Erkenntnis reifte und das »Ökosystem« eine zentrale Stellung in der Ökologie einnahm. Meist wird dem britischen Pflanzenökologen A.G.

Tansley zugeschrieben, den Begriff des Ökosystems erfunden und geprägt zu haben, aber drei Jahre vor Tansleys Veröffentlichung erschien das Werk des deutschen Biologen A. Woltereck (1932): ›Grundzüge einer allgemeinen Biologie‹. Darin benutzt er bereits den Systembegriff in der Ökologie. Die Zeit war reif dafür! Mittlerweile hatte die aufstrebende Biomathematik sich ökologischer Kernfragen bemächtigt und sich angeschickt, aus dieser noch weitestgehend beschreibenden und beobachtenden Wissenschaft eine mathematisch-quantitative zu machen, die Modelle entwickeln und testen konnte.

Allen voran sind die beiden Mathematiker A. J. Lotka und Vito Volterra zu nennen, die um 1925 unabhängig voneinander die sogenannten »Konkurrenzgleichungen« entdeckten. Diese paßten ideal zu den Experimenten, die G. F. Gause zu dieser Zeit mit Pantoffeltierchen durchgeführt hatte und deren Ziel es war, zu klären, ob verschiedene, nahe miteinander verwandte Arten miteinander leben können oder sich verdrängen. Denn nach Darwins »Überleben der Tauglichsten« war zu erwarten, daß sich die eine Art, die irgendwie »besser« als die andere ist, über kurz oder lang durchsetzen und die schwächere verdrängen würde.

Gause zeigte in seinen Experimenten mit zwei Arten von Pantoffeltierchen, daß in der Tat die eine nach einer Reihe von Generationen eine andere verdrängt. Lotka und Volterra lieferten die mathematischen Gleichungen dazu. Die Konkurrenzgleichungen gingen in die Wissenschaft der Ökologie ein, und das nach den Hauptbeteiligten benannte »Gause-Volterra-Prinzip« der Verdrängung durch Konkurrenz wurde zu einem zentralen Dogma in dieser Wissenschaft. Nach einem Dreivierteljahrhundert hatte diese die erste große Hürde genommen und sich von einer so gut wie nur beschreibenden zu einer quantitativ-analysierenden Naturwissenschaft weiterentwickelt. Damit wurde die Ökologie zu dem, was sie eigentlich schon seit Darwins epochalem Werk über die Entstehung der Arten hätte sein sollen: die Grundlage für die Evolutionslehre.

Denn der Lebensprozeß, so Darwins grundlegende Erkenntnis, ist Auseinandersetzung mit der Umwelt. Die Folgen dieser Auseinandersetzung sind die Anpassungen der Lebewesen und die Vielfalt der Arten. Evolution vollzieht sich auf der Bühne der Ökologie. Die von der Umwelt verursachten Veränderungen sind die Auswirkungen der natürlichen Auslese (Selektion) und damit Beweis für die Wirklichkeit und Wirksamkeit der Evolution.

In den zwanziger und dreißiger Jahren glückte dieser große Durchbruch für beide Wissenschaften, für die Ökologie wie für die Evolutionsbiologie, weil die Natur der Vererbung erkannt worden war und die Genetik das verbindende Element wurde. So tauchten in dieser »großen Zeit der Evolutionsbiologie« auch die meisten der ökologischen Begriffe und Konzepte auf. Die Lebensgemeinschaft, die Biozönose, wurde untergliedert in die Plätze, welche die verschiedenen Arten darin einnehmen, und als »ökologische Nischen« bekannt. Geformt werden sie von der Konkurrenz der Arten untereinander. Es tauchten auch die Grundbegriffe auf, die einen gewichtigen Teilbereich der Ökologie formieren sollten, nämlich die Ökologie der Populationen. Es wurde an Wachstum und Entwicklung von Tier- und Pflanzenbeständen geforscht und diese Bestände als Populationen betrachtet, die sich nach eigenen Gesetzmäßigkeiten entwickeln und strukturieren. Die Populationen schoben sich als neue Ebene zwischen die auf das Individuum oder die einzelne Art ausgerichtete Betrachtungsweise, die zur »Autökologie« wurde, und die Ökologie der Artengemeinschaft, die »Community Ecology« des angloamerikanischen Sprachraums. Als auf die Gemeinschaft bezogene Betrachtungsweise erhielt diese die Bezeichnung »Synökologie«, um das

Zusammenwirken (Syn-) zu bekräftigen. Dazwischen blieb die Ebene der Population und ihrer Dynamik, die Populationsökologie oder, wie sie der Ökologe Schwerdtfeger 1963 nannte, die »Demökologie« (vom griechischen Wort »deme« für Bevölkerungen).

Das war die Grundstruktur dieser Wissenschaft – eine Struktur steigender Komplexität. Sie begann mit den Beziehungen des Lebewesens zu seiner Umwelt, setzte sich fort in den Beständen Artgleicher und mündete in die so vielfältigen Artengemeinschaften und ihre Beziehungen zur Umwelt. Diese Unterteilung blieb im wesentlichen bis heute erhalten, auch wenn sich weitere Spezialbereiche entwickelten und verselbständigten, wie die ökologische Biogeographie, die evolutionäre Ökologie oder die Entwicklung mathematischer und computerisierter Modelle. Sehr früh schon, vor allem durch den Einfluß des Begründers August Thienemann, machte sich die Ökologie der Binnengewässer weitgehend selbständig und wurde zur Limnologie. Das fand zu Beginn des 20. Jahrhunderts statt. Fünfzig Jahre später folgte die Abwasserbiologie als angewandte Limnologie. Sie beschäftigt sich neben den biologischen Grundlagen der Gewässerreinigung und -reinhaltung insbesondere auch mit der Technik der Abwasserbehandlung. In dieser Zeit, in den fünfziger Jahren unseres Jahrhunderts, erlebte eine weitere Tochter der Ökologie eine Blüte, die Meeresökologie. Sie ist besser unter der Bezeichnung Ozeanographie bekannt und mit der Erforschung des Lebens und seiner Bedingungen in der Tiefsee genauso befaßt wie mit Meeresströmungen und ihren Einflüssen auf Wetter und Klima.

Als schließlich in der zweiten Hälfte des 20. Jahrhunderts die Umweltbelastungen, die der Mensch verursachte, in ihren Rückwirkungen auf den Menschen zu immer drängenderen Problemen und zu einer der größten Zukunftaufgaben wurden, rückte die »angewandte« Seite der Ökologie in den

Blickpunkt des Interesses und wurde zur Basis des Umweltschutzes. Ökologie und Umwelt werden heutzutage nahezu gleichbedeutend gebraucht, zumal in der Öffentlichkeit, auch wenn, wie zu zeigen sein wird, grundlegende Unterschiede zwischen beiden gegeben sind. Das gilt in gleicher Weise für die zweite »angewandte« Form der Ökologie: den Naturschutz. Ursprünglich aus ganz anderen Motiven heraus entstanden, die mehr der Erhaltung der Schönheiten der Natur und seltener Arten zugeneigt waren als dem Naturhaushalt, pocht der Naturschutz gegenwärtig immer massiver auf »die Ökologie« – wohlgemerkt im falschen Wortsinn –, die es zu sichern, zu erhalten gälte und nutzt die Ökologie als Rechtfertigung oder Begründung für Naturschutzziele und -maßnahmen.

Währenddessen vollzog sich eine weitere, tiefgreifende Veränderung der wissenschaftlichen Ökologie. Zwar war sie längst dem Stadium des Beschreibens, Ordnens und Erfassens entwachsen und zu einer experimentellen, mit physikalischen und chemischen Methoden sowie mathematischen Modellen arbeitenden Wissenschaft geworden, aber es fehlten vielfach noch wesentliche Elemente, die es erlaubt hätten, mit Hilfe ökologischer Forschung brauchbare Vorhersagen über das weitere Verhalten von Lebensgemeinschaften oder Ausschnitten aus der Natur zu machen. Diesen Mangel behob die konkrete Anwendung der naturwissenschaftlichen Methoden bei der Behandlung ökologischer Probleme. Die Grundlagen dazu hatte um die Mitte des 20. Jahrhunderts die Systemtheorie einerseits, aber auch die Ausweitung der ökologischen Konzepte über die Wechselwirkungen (Interaktionen) der Arten in ihren Lebensgemeinschaften geliefert.

Die Gemeinschaften befinden sich, was schon lange klar war, in Wechselwirkung mit ihrer unbelebten Umwelt. Der Systembegriff, wie ihn Woltereck und Tansley entwickelt hatten, gelangte dadurch mit zwei bis drei Jahrzehnten Verzögerung zur Geltung, und das Grundkonzept des Ökosystems stand. Man hatte gleichsam um den Kern der Wechselwirkung zwischen dem Lebewesen und seiner Umwelt mehrere »Schalen« zunehmend komplexerer Verhältnisse gelegt und war dabei nicht auf der Ebene der Lebensgemeinschaften stehengeblieben, sondern hatte drei weitere hinzugefügt: Ökosystem als »Hülle« um die Gemeinschaft; Biom als Zusammenfassung regionaler und lokaler Ökosysteme zu einem vom Klima oder den großen Umweltfaktoren getragenen Komplex von Systemen wie Wüsten und Tundra oder Hochgebirge und das Meer; schließlich und endlich die Ökosphäre als alles umfassendes und beinhaltendes Ökosystem der Erde.

Wiederum war der Aufbau logisch und die konsequente Weiterführung des Begonnenen, aber mit der Stufe des Ökosystems wurde ein weiterer Vorteil erzielt: Die Komplexität konnte vereinfacht werden. Denn ein entscheidender Nachteil liegt in dieser Entwicklung vom Einfachen und direkt Umweltbezogenen bis zu den artenreichen Lebensgemeinschaften: Diese werden immer komplexer und immer weniger durchschaubar. Je mehr Beteiligte unterschiedlicher Arten in der Gemeinschaft vorhanden sind, desto vielfältiger werden die möglichen Beziehungen der Lebewesen untereinander. Artenreiche Gemeinschaften widersetzten sich zunehmend tieferen Einblicken in ihre Strukturen und Funktionsabläufe. Der Ökosystem-Begriff brachte die Wende. Er ließ es zu, das innere System einfach in seiner ganzen unbekannten Komplexität zu belassen, denn – so der Denkansatz – für das Funktionieren des Systems ist es nicht unbedingt notwendig, die innere Struktur zu erkennen. Es soll für den Benutzer vielmehr so etwas wie ein »schwarzer Kasten« (black box) sein und bleiben, wenn es darum geht zu ermitteln, welche Mengen Stoffe in welchen Formen von diesem System umgesetzt und wie viele Energien dazu eingesetzt werden. Mit der formalen Entwicklung und Nutzung des Ökosystem-Begriffs ließ sich damit die Menge der unterschiedlichen Wirkgrößen (Variablen) auf ein handhabbares Maß verringern.

Das sollte nicht bedeuten, daß die beteiligten Organismen bedeutungslos geworden wären, sondern nur, daß die Messung der Eingänge (inputs) in das System und der Ausgänge (outputs) den Funktionszustand hinreichend gut charakterisieren können, ohne dazu die ganze Komplexität der beteiligten Lebewesen im einzelnen behandeln und kennen zu müssen. In bestimmten Fällen ist diese Vorgehensweise so selbstverständlich, daß die Umgangssprache den Gegebenheiten Rechnung getragen hat – etwa wenn aus den Bäumen »der Wald« wird. Wir wissen zwar nicht, wie viele Bäume einen Wald machen, haben aber ein gutes Gespür dafür und sagen »eine Baumgruppe« oder ein »Wäldchen« und schließlich »Wald«, wenn genug Bäume beisammen sind. Die Vielzahl der Bäume hat neue Lebensbedingungen geschaffen, diese sind im Wald anders als in einer Baumgruppe. Er leistet als Ganzes zum Beispiel einen jährlichen (Holz-)Zuwachs, filtert Wasser, das als Trinkwasser benutzt werden kann, oder bringt jahrweise unterschiedlich gute oder schlechte Ernten von Nüssen, Zapfen oder Eicheln. Die Zusammenfassung der Bäume, auch wenn es sich dabei um mehrere oder, wie im Tropischen Regenwald, viele verschiedene Arten handelt, ist offensichtlich gerechtfertigt.

In entsprechender Weise fassen das Ökosystem und die noch weitergehenden Begriffe die Inhalte zusammen, bis im Endeffekt der Planet Erde mit seinem Naturhaushalt hervortritt: Hoffnungslos zu vielfältig, um das globale System in all seine Bestandteile zerlegen und im einzelnen untersuchen zu können, aber gut genug zusammenfaßbar, um den Naturhaushalt unseres Planeten ähnlich genau erfassen zu können, wie das Bruttosozialprodukt die Gesamtheit aller Wirtschaftsleistungen eines Staates (und wenn man das will, auch der gesamten Erdbevölkerung) zusammenfaßt. Die Vergröberung hat zusätzlich den Vorteil, daß die vielen Einzelvorgänge als eine Art »Grundrauschen« zurücktreten und die großen Trends sichtbar werden lassen. Der Erfolg des Ökosystem-Begriffs ist ganz wesentlich in dieser Vereinfachung der Betrachtungs- und Bearbeitungsweise begründet.

Damit ging die Ökologie in die sogenannte reduktionistische Phase über, in der sie sich vom Ballast des Details zu entledigen versuchte, um die großen Veränderungen sichtbar zu machen. Die Biozönoseforschung als bisheriger Höhepunkt des Fortschritts in der Ökologie war an die Grenzen gelangt, die auch heute mit den leistungsfähigsten Rechnern nicht wesentlich ausgeweitet werden konnten; so wenig, wie eine noch so ausführliche Schilderung der Menschen eines Volkes oder Staates mit immer weiteren neu erfaßten Personen vorankäme. Erst ihre Zusammenfassung zu statistischen Werten macht sie »handhabbar« und, wie die Demoskopie bewiesen hat, sogar mit erstaunlicher Genauigkeit für Prognosen brauchbar. Die Ökologie mußte, an diesem Wendepunkt angelangt, den Weg der Vereinfachung gehen, um überhaupt noch vorankommen zu können. Deshalb war ihr Werdegang als Naturwissenschaft von Anfang an vorgezeichnet: von der Einzelbeobachtung zum systematischen Erfassen und Erheben von Daten und weiter zu deren Vereinfachung und Vereinheitlichung – vom Lebewesen über die Population und die Artengemeinschaft zum Komplexen und wieder zurück zu den vereinfachten Grundlinien. Die Fragestellung, das war die zentrale Erkenntnis aus diesen Entwicklungen, muß sich nach der Ebene oder Schale richten, um die es sich bei der Behandlung oder Bearbeitung handelt, muß also dem jeweiligen Systemteil angemessen sein.

Mit dieser Schwierigkeit schlagen sich Ökologen und Umweltwissenschaftler bisweilen auch heute noch herum, wenn die Fragen, die beispielsweise eine Gesellschaft stellt, nicht auf eine angemessene Ebene zielen. Ein Beispiel soll dies verdeutlichen: Eine Elster holt aus einem Singvogelnest Junge und verfüttert sie an die eigenen. Auf der Ebene der betroffenen Kleinvögel ist das ein Verlust des Nachwuchses, und möglicherweise sind damit nicht nur die Bemühungen des betreffenden Jahres gescheitert, sondern die des ganzen Lebens, weil der kleine Singvogel wegen seiner geringen Lebenserwartung nur diese eine Chance zur Fortpflanzung hatte. Für die Frage, ob denn die von Elstern, Krähen oder Hauskatzen verursachten Verluste an Gelegen und Jungen sich auf die Bestände und die Bestandsentwicklung der Singvögel auswirken, ist dieser Befund nahezu bedeutungslos. Hier müßte die Ebene der Populationen und der Wechselwirkungen zwischen Verlusten durch Feinde und witterungs- oder zugbedingter Verluste ansetzen, um klären zu können, ob gegen die Nesträuber etwas unternommen werden sollte. Mit Sicherheit sind die Nestverluste aber bedeutungslos für das Ökosystem eines Stadtparks, einer Gartenlandschaft oder gar für die größeren Natureinheiten in der Region, deren »Gleichgewicht der Natur« keineswegs durch Krähen, Elstern oder Katzen gefährdet ist. Es ist daher nur anekdotenhaft zu verstehen, was Charles Darwin über die Rolle der Katzen Englands für das British Empire ausgeführt hatte: Weil die Katzen viele Mäuse fangen, verzehren diese weniger Getreide, so daß die Landwirtschaft floriert und die tapferen Truppen auf den Schiffen der Flotte mit Nahrung versorgt bleiben und folglich ihre Weltherrschaft ausdehnen und festigen können.

In moderner Version finden wir derartige Anekdoten wieder im sprichwörtlichen »Schmetterlingseffekt«, demzufolge der Flügelschlag eines Schmetterlings irgendwo in Amazonien die Keimzelle einer Turbulenz verursacht haben soll, die sich – selbst verstärkend – zum Hurrikan aufschaukelt, der Tausende von Kilometern entfernt Verheerungen anrichtet. Die Vorstellung, daß so etwas geschieht, mag seltsam attraktiv erscheinen (und sie taucht im Fachbegriff des »seltsamen Attraktors« der Chaostheorie in der Tat wieder auf!), aber in der Bilanz ist sie bedeutungslos, weil sich die Wirkungen und Nachwirkungen von Millionen und Abermillionen von Falterflügelschlägen tagtäglich ganz einfach aufheben.

Viele »Ereignisse« in der Natur, die von Naturschützern argwöhnisch verfolgt und vielleicht von Ökologen mit wissenschaftlichem Interesse messend und zählend begleitet werden, stellen nichts weiter als dieses Rauschen dar, das ohne Nachwirkungen bleiben wird und keine Bedeutung für den Naturhaushalt hat. Je tiefer die Forschung in die Natur eingedrungen ist, um so deutlicher wurde, daß längst nicht allem die Bedeutung zukommt, die wir oft so vorschnell einem Ereignis beimessen. Das Finden der richtigen räumlichen wie auch zeitlichen Dimensionen stellt daher gegenwärtig eine der Hauptherausforderungen für die Ökologen dar, die längst das technische Rüstzeug haben, bis in die kleinsten Dimensionen von Nanogramm oder Ultrastrukturen vorzudringen oder von Satelliten aus die Erde lückenlos zu überwachen. Wir wissen immer mehr von immer weniger, sagen Kritiker – und das nicht selten ganz zu Recht!

Der Planet des Wassers

Erde nennen wir unseren Heimatplaneten – verständlicherweise, weil wir Lebewesen des Landes sind. Das Leben selbst würde ihn wohl eher als Planet des Wassers bezeichnen, ebenso Außerirdische, sollten sie jemals unseren Planeten besuchen, denn sein besonderes Kennzeichen ist das Wasser.

Es bedeckt mehr als zwei Drittel der Oberfläche des »Blauen Planeten«, und wären die Kontinente nicht auf dreißig Prozent der Erdoberfläche konzentriert, sondern gleichmäßig ausgebreitet über die feste Kruste des Planeten, würde das Wasser diesen ganz bedecken – mehrere tausend Meter tief! Wasser ist ein ganz besonderer Stoff: einfach gebaut aus zwei Atomen Wasserstoff und einem Atom Sauerstoff, durchbricht es die Norm, die einer Verbindung seiner Art im Vergleich zu anderen zukommen würde – es ist in »unserem Temperaturbereich« nicht etwa ein Gas wie der Ammoniak (NH_3), sondern zwischen null und hundert Grad Celsius flüssig. Beide Grenzwerte sind vom Wasser direkt abgeleitet, der Gefrierpunkt und der Siedepunkt. Die Celsius-Grade sind deswegen auch weitaus besser als Maßeinheiten geeignet als andere, die mit Alkohol arbeiten oder mit anderen temperatursensitiven Stoffen, weil sie den Temperaturbereich unmittelbar abdecken, in dem im wesentlichen die Lebensprozesse ablaufen.

Und doch würde das Wasser dem Leben gar nichts nützen, hätte es nicht jene Anomalie, die das Leben auf der Erde erst ermöglicht hat: die Eigenschaft, daß Wasser mit abnehmender Temperatur nicht immerzu dichter und schwerer wird und daß Eis, wie bei anderen Stoffen und Verbindungen die Festform, schwerer als die flüssige ist, sondern daß es bei vier Grad Celsius seinen Dichte-Höchstwert erreicht. Danach dehnt es sich beim Kälterwerden wieder etwas aus und wird beim Gefrieren »lockerer« und um etwa elf Prozent leichter als das Wasser am Gefrierpunkt. Eis schwimmt deshalb auf dem Wasser und sinkt nicht zu Boden. Täte es dies, hätte sich der Weltozean längst mit Eis angefüllt und alles Wasser wäre erstarrt und als Träger des Lebens weitestgehend unbenutzbar geworden. Das ist der eigentliche Grund dafür, daß sich das Leben im Wasser zu einer großartigen Fülle entfaltete, lange bevor es sich anschickte, das Land zu erobern. Vielleicht war die Geburtsstätte des Lebens das Weltmeer und deshalb Wasser von Anfang an der Träger der chemischen Umsetzungen, an die das Leben gebunden ist, aber auch wenn es nicht unmittelbar im Meer entstanden sein sollte, sondern vielleicht aus der heißen Tiefe von Gestein in der Erdkruste beim Hervorquellen von Wasser ins Meer gelangte, verdanken alle komplexeren Organismen dem Wasser ihre Existenz. Aber auch die urtümlichen Bakterien, die in der Erdkruste in winzigen Hohlräumen im Gestein leben und dabei Temperaturen von bis über 150 Grad Celsius ausgesetzt sind, nutzen Wasser, das bei sehr hohem Druck auch bei diesen Temperaturen noch flüssig bleibt, für ihre Lebensprozesse. Sollte dort, in den heißen Tiefen der Erdkruste, das Leben begonnen haben, so brauchte es dazu Wasser im Prinzip genauso wie im warmen, flachen Tümpel am Meeresrand, wo man auch den Ursprung des Lebens vermutet. Und selbst wenn es aus den Tiefen des Weltalls in Form einfachster Bakterien oder Sporen zu uns gekommen sein sollte, hätte es ohne Wasser nicht erfolgreich landen und niemals überleben können, weil Kometeneis die Trägersubstanz gewesen sein müßte. Wie immer der Anfang gewesen sein mag, mit Wasser und seinen besonderen Eigenschaften war er auf jeden Fall verbunden, und ohne Beteiligung von Wasser gibt es kein aktives Leben.

Die Hauptmasse des Wassers der Erde, mehr als neunzig Prozent, befindet sich im Meer. Dieses enthält auch sonst alles, was die Organismen zum Leben brauchen: Mineralische Stoffe, fein verteilt oder gelöst, aus denen die eigentlichen Träger des Lebens aufgebaut werden, die Stickstoff- und Phosphorverbindungen sowie benötigte Gase, wie der Sauerstoff für die Atmung oder das Kohlendioxid für die Photosynthese. Solange das Leben nur im Meer stattfand, brauchte es nicht einmal eine Atmosphäre mit Sauerstoff. Tatsächlich war die Ur-Atmosphäre auch so gut wie sicher sauerstofffrei.

Sie bestand aus Stickstoff, Methan und anderen Gasen und muß recht lebensfeindlich gewesen sein. Zur Lufthülle zum Atmen entwickelte sich die Atmosphäre erst im letzten Zehntel der Existenz der Erde, nachdem es schon wenigstens drei Milliarden Jahre lang Leben auf dem Planeten Erde gegeben hatte, denn den Sauerstoff, der gegenwärtig knapp 21 Prozent der Gase der Atmosphäre ausmacht, den brachten die Lebewesen selbst in die Lufthülle – als Abfallprodukt aus dem Stoffwechsel von grünen Pflanzen! Und diesem Sauerstoff wiederum ist es zu verdanken, daß die Atmosphäre jenen schützenden Ozonschirm ausbildete, um dessen Fortbestehen wir uns gegenwärtig so große Sorgen machen müssen. Denn dieser aus drei Atomen zusammengesetzte Sauerstoff (O_3) hält einen Großteil der lebensbedrohlichen Ultraviolettstrahlung von der Erdoberfläche fern.

Das Leben konnte das Land erst erobern, als dieser Schutzschild aufgebaut war. Vorher hätte (oder hatte, das wissen wir nicht) die »harte Strahlung« alles Leben an Land rasch vernichtet. Dennoch wäre der Landgang unmöglich geblieben, trüge nicht das Wasser in der Lufthülle der Erde seinen dritten, hochbedeutenden Teil zum Leben und seiner Erhaltung bei. Es erzeugt nämlich den lebenswichtigen »Treibhauseffekt«, den auch wir brauchen. Nur (zu) übertrieben meinen wir, sollte dieser Effekt nicht ausfallen, fehlen darf er hingegen auf keinen Fall, sonst hätten wir eine mittlere Temperatur an der Erdoberfläche von −19 Grad Celsius weltweit und damit mehr eine lebensfeindliche »Eiszeit«. Das Leben würde an Land erstarren und das Weltmeer würde sich mit meterdickem Eis bedecken.

Die tatsächliche Durchschnittstemperatur von +15 Grad Celsius, also 34 Grad mehr, verdanken wir dem Treibhauseffekt des Wasserdampfes in der Atmosphäre. Die winzigen Wassertröpfchen reflektieren nachts die Wärmeausstrahlung und halten die Erde damit warm und heimelig in jenem Temperaturbereich zwischen knapp zehn und gut vierzig Grad, in dem sich die meisten Lebensvorgänge abspielen. Dieser Wert von +15 Grad Celsius ist keineswegs »von Natur aus« fixiert oder gar der richtige. Vor 65 Millionen Jahren, am Beginn der Erdneuzeit (Anfang des Tertiärs), lag die Durchschnittstemperatur mit ziemlicher Sicherheit um 18 Grad höher als in der Gegenwart, und auf den Kontinenten herrschten weithin tropische Klimaverhältnisse. Dagegen sanken die Mittelwerte während der letzten zwei Jahrmillionen, die dem Eiszeitalter (Pleistozän) zugerechnet werden, um vier bis sechs Grad unter den heutigen Wert, während es zwischen den Vereisungsperioden (Kaltzeiten) zeitweise erheblich wärmer als jetzt wurde und Tropentiere wie Nilpferde in der Themse leben konnten. Die Temperaturverteilung hängt zudem stark von der Breitenlage ab. Auf die immerwarme innere Tropenzone um den Äquator folgen die zeitweise schon kühlerer Witterung ausgesetzten äußeren Tropen und an den Wendekreisen die Subtropen. Sie gehen, je nach Ausdehnung der Landmassen unterschiedlich gelagert, in die temperierten Breiten über. Auf diese folgen polwärts die kalten Regionen und schließlich das »ewige« Eis. Auf den Kontinenten ist diese Temperaturzonierung viel stärker ausgebildet als im Meer.

Die Klimazonen werden von der Verteilung von Meer und Land stark beeinflußt und zusätzlich durch Meeresströmungen mit kaltem oder warmem Wasser verändert. So kommt es, daß Europas Küsten gegenwärtig ein ungleich milderes Klima aufweisen als die gegenüberliegende Küste Nordamerikas oder die Ostasiens, weil der Golfstrom und sein Ableger, der Nordatlantikstrom mehr oder minder beständig warmes Wasser nordwärts verfrachten und Europas Klima mild gestalten, während auf der anderen Seite kalte Meeresströmungen südwärts ziehen und entsprechend viel kältere klimatische Verhältnisse schaffen. Ähnliches findet sich wieder an den Westküsten von Südamerika, wo die kalte Strömung sehr stark ausgebildet ist und bis zum Äquator reicht (der Humboldt-Strom), von Südwestafrika (Benguela-Strom) und erheblich geringer entwickelt auch vor der westaustralischen Küste. Hingegen schnüren rund um den Globus laufende, von den nahezu ununterbrochen wehenden, starken Westwinden angetriebene, kalte Meeresströmungen den Inselkontinent Antarktis ein und sorgen dafür, daß der Wärmeaustausch nur in geringem Maße vonstatten geht. Insgesamt durchzieht eine Abfolge von Meeresströmungen wie ein gigantisches Förderband alle Ozeane und verteilt Wärme ungleichmäßig. Stockt dieses Förderband aus irgendwelchen Gründen oder fängt es stellenweise sogar an, rückläufig zu werden, ändert sich das Klima auf der Erde dramatisch. Dieses globale Wärmetransportsystem hat seine gegenwärtige Form im wesentlichen erhalten, als sich vor knapp drei Millionen Jahren die Landenge zwischen Nord- und Südamerika im Bereich des heutigen Panama geschlossen hatte. Dies versperrte den Durchfluß von warmem Atlantikwasser in den Pazifik und verursachte die Eiszeiten, die Folgen der unterschiedlichen Wärmeverteilungen auf der Erde sind. Ihr Wechselspiel zwischen warm und kalt läuft seit jener Zeit, unsere Gegenwart ist eine Zwischeneiszeit, und zwar eine, die schon erstaunlich lange anhält. Die meisten Zwischeneiszeiten – sie sind die Wärmeperioden zwischen der eiszeitlichen Kälte – scheinen nicht so lange angehalten zu haben, dann kippte das Klima jeweils wieder und die Eiszeit kehrte zurück.

Daß es überhaupt dazu kam, daß die Verteilung von warm und kalt auf der Erde nicht gleichmäßig über Raum und Zeit geblieben ist, beruht auf den Kräften, welche die Kontinente wie übergroße Eisschollen im Ozean auf der Erdkruste driften lassen. Dieses Phänomen hatte 1912 der deutsche Meteorologe und Geophysiker Alfred Wegener entdeckt. Durch die umfangreichen Messungen in den vergangenen Jahrzehnten wurde seine Theorie von den beweglichen Kontinenten nicht nur bestätigt, sondern umfassender als Plattentektonik ausgearbeitet. Heute wissen wir, daß die Erde ruhelos in Bewegung ist und nicht der »feste Grund unter den Füßen«, den wir gerne annehmen möchten. Für den Naturhaushalt des Planeten Erde und für die Entwicklung der Lebewesen hatte diese Bewegung der Kontinente eine äußerst große Bedeutung. Sie hat die Rahmenbedingungen für den Naturhaushalt immer wieder verändert und das Leben gezwungen, sich auf die neuen Verhältnisse einzustellen.

So waren während des Erdmittelalters viele Millionen Jahre lang die Kontinentalmassen im äquatorialen Bereich konzentriert und zu einem Riesenkontinent, von den Erdgeschichtlern Pangäa genannt, zusammengefaßt. Pangäa teilte sich dann in einen nördlichen Großkontinent, Laurasia, bestehend aus Blöcken, die weiten Teilen des heutigen Nordamerika und Eurasiens entsprechen, und einen südlichen, Gondwana, der aus Afrika, Südamerika, Australien, dem antarktischen Doppelkontinent, Indien sowie Madagaskar zusammengesetzt war. Das Urmittelmeer, die Tethys, trennte die beiden riesigen Landmassen, auf denen eigenständige Entwicklungen des Lebens ihren Lauf nahmen. Die Aufspaltung in weitere Teilstücke während des ausgehenden Erdmittelalters und ihr Auseinanderdriften – Südamerika nach Westen, Australien nach Südosten, Antarktika nach Süden und Afrika ein wenig, Indien im Bogen stark nordwärts, bis es auf Asien prallte, schufen die Szenerie für die grundlegende Umgestaltung der Natur und ihres Haushaltes in den letzten hundert Millionen Jahren. Mit dem Vorrücken in polnahe Breiten wurde es weltweit nicht nur kälter, sondern auch trockener, so daß sich in den letzten vierzig bis fünfzig Millionen Jahren Wüsten und Steppen immer weiter ausbreiteten und die Wälder schrumpften. Was sich in der zweiten Hälfte des Tertiärs mit geologischer Langsamkeit vollzog, weil sich die Kontinente Jahr für Jahr nur um wenige Zentimeter bewegten und verschoben, wurde einem dramatischen Wechsel unterworfen, als die eiszeitliche Klimaschaukel in der geschilderten Weise in Gang gesetzt worden war. Erdgeschichte und Klima wirkten auf diese Weise zusammen, und das Wasser beeinflußte sie alle mit seinen mengenmäßigen Veränderungen und seinen Auswirkungen auf die Wärmeverteilung und Wärmeflüsse. Die Wechsel in den Niederschlagsverhältnissen halten, in unterschiedlichen Stärken, bis in unsere Zeit an. Noch vor gut zwei Jahrtausenden waren weite Teile der Sahara grün und für das antike Rom eine Kornkammer, wo sich heutzutage eine Vollwüste ausdehnt. Südlich davon, wie auch im nördlich angrenzenden Mittelmeerraum, schwanken die Niederschlagsverhältnisse und erzeugen jahrelange Dürreperioden oder regenreiche Jahre. Und neuerdings zeigt sich immer deutlicher, wie der große Wärmeaustausch im Pazifik, das »El-Niño-Phänomen«, das Weltklima beeinflußt. Den Naturhaushalt der Erde können wir nicht als etwas Feststehendes, Statisches betrachten. Er steckt voller Dynamik – und Überraschungen!

Der Naturhaushalt war nicht von Anfang an da

Leben, so, wie wir es heute kennen, hat einen schier unendlich langen Entwicklungsweg hinter sich. Die ersten Spuren reichen zurück bis in eine Zeit vor gut dreieinhalb Milliarden Jahren. Damals waren die Lebewesen zwar noch winzig, aber dennoch schon recht wirkungsvoll. Im Weltmeer vermehrten sie sich und bakterienartig, wie sie waren, »probierten« sie alle möglichen chemischen Reaktionen durch, um Energie zu gewinnen. Von Anfang an war das Leben gegen die unbelebte Natur ausgerichtet, es strebt weg vom »Gleichgewicht«, das sich in den verschiedenen chemischen Abläufen von selbst einstellt, so, wie es die Umstände – Wärme (Temperatur), Druck sowie Konzentration der beteiligten Stoffe – erlauben. Leben ist gegen die chemisch-physikalische Tendenz, Energie zu zerstreuen, gerichtet, es lebt davon, Energie aus der Umgebung aufzunehmen, zu nutzen und umzusetzen, um sich damit fern vom (thermodynamischen) Gleichgewichtszustand zu halten.

Der Nobelpreisträger Ilya Prigogine hat diese Grundeigenschaft des Lebens erkannt und begründet, warum sich das Leben über die besondere Form von Energienutzung gegen die unbelebte Welt stemmen kann und nicht dem thermodynamischen Verfall anheimgegeben ist. Dieser Verfall wird als Entropie bezeichnet, und Leben dürfte es, wäre das Entropiegesetz unüberwindbar gültig, gar nicht geben. Aber da sich die Lebensprozesse fern vom Gleichgewicht (Prigogine nannte es »dissipative Strukturen«, die das Leben aufbaut) halten, kann das Leben das Entropiegefälle hin zum Wärmetod vermeiden und umgehen. Dazu braucht es allerdings Energie. Die Lebewesen schöpfen diese Energie aus bestimmten chemischen Reaktionen; deren Nutzung war gleichsam die große Entdeckung des Lebens und führte dazu, daß das Leben sich selbst neue Bedingungen schaffen konnte. Manche dieser chemischen Grundreaktionen, die auch heute nach wie vor genutzt werden, sind einfach und wenig ergiebig. So zum Beispiel die »Verbrennung« (Oxidation) von Eisen mit Sauerstoff. Eisenbakterien nehmen (im Wasser gelöstes) Eisen (Fe^{++}-Ionen) auf und verbinden es mit zusätzlichem Sauerstoff (oxidieren). Bei dieser einfachen Reaktion gewinnen diese Bakterien Energie (135,6 Kilojoule pro zwei Mol umgesetztes Eisen – Mol bezeichnet das Molekulargewicht in Gramm) für ihre Lebenstätigkeit. Die frühen Lebewesen experimentierten buchstäblich mit den verschiedensten Substanzen, darunter auch mit Schwefel, und nutzten die jeweiligen Angebote an gelösten oder aus dem Untergrund herauslösbaren Stoffen. Sie waren damit von Anfang an »unabhängig« oder »autotroph«, was soviel wie selbstversorgend bedeutet. Jedoch war diese Autotrophie eine rein chemische; die Energie, die gewonnen wurde, entstammte den vorherigen chemischen Verbindungen. Energiereiche Verbindungen sind aber sehr fest, energiearme dagegen schwach und leicht zu lösen. Es war daher für die Lebewesen in dieser »chemischen Autotrophie« nicht sehr viel drin und ihre Leistungen blieben entsprechend gering. Das änderte sich, als eine bakterienähnliche Lebensform eine neue Art der Energiegewinnung »entdeckte«. Diese funktioniert unter Beteiligung und Nutzung von Lichtenergie. Solche gab es in Überfülle, weil die Erde von der Lichtflut der Sonne überschüttet wurde – allerdings nur in den obersten Schichten des Ozeans, in die das Licht auch vordringen konnte. Die tieferen, an gelösten Stoffen reicheren Schichten waren wie heute praktisch lichtleere Finsternis.

Die Neuentwicklung beruht auf dem Zusammenwirken eines kompliziert gebauten Moleküls, das wie eine mehrarmige Antenne Licht bestimmter Wellenlängen einfängt und über eine Kette chemischer Reaktionen mit der im Licht enthaltenen Energie aus den einfachen Grundstoffen Kohlendioxid (CO_2) und Wasser (H_2O) einen energiereichen Zucker (Glukose) aufbaut ($C_6H_{12}O_6$). Dabei wird Sauerstoff freigesetzt (O_2). Die Reaktion ist als Photosynthese bekannt, und seit einer halben Milliarde Jahren bildet sie die Grundlage für das Leben auf der Erde, denn sie liefert eine ungleich bessere Energieausbeute als alle anderen von den Lebewesen genutzten energieliefernden Reaktionen. In einem einzigen Mol Traubenzucker, das von der Photosynthese hergestellt wird, steckt ein Energievorrat von 2872 Kilojoule. Und diese Energie ist fast jederzeit nutz- und verfügbar!

Dieser Prozeß setzt sich also durch – so sehr, daß die von dem Farbstoffmolekül, das als Lichtfänger wirkt, grüngefärbten Cyanobakterien sich derart gewaltig vermehrten, daß ihre Ausscheidungen von Sauerstoff das Meer erfüllten und sich in der Atmosphäre ansammelten, bis fast dreißig Prozent Sauerstoff in der Lufthülle waren. Dann wurde das Kohlendioxid knapp und die Photosynthese beschränkt, die jahrmillionenlang im Überschuß produziert hatte. Wie wirkungsvoll sie trotzdem immer noch ist, zeigt der Vergleich mit den Eisenbakterien, deren Leistung sie um mehr als das Zwanzigfache übertrifft. So sind die Eisenbakterien gegenwärtig im Vergleich zu den grünen Pflanzen, welche die Photosynthese nutzen, sehr selten und auf Sonderlebensräume beschränkt, die kein Licht oder zu wenig davon abbekommen. Nur unter solchen Bedingungen sind die anderen chemischen Reaktionen, welche die Organismen erfunden haben, vorteilhafter. In den lichtlosen Tiefen der Ozeane und in den heißen Gesteinsmassen der Erdkruste dominieren nach wie vor die Bakterien, die chemo-autotroph leben. Vielleicht bilden sie zusammen sogar mehr Masse an Leben als das uns vertraute, weil wir nicht wissen, wieviel von der Erdkruste tatsächlich von Bakterien durchsetzt ist, die bei hohem Druck und Temperaturen um hundert Grad und mehr leben. Hier müssen wir uns noch auf Überraschungen einrichten. An der vom Licht erreichbaren Erdoberfläche dagegen dominieren auf jeden Fall die Träger der photochemischen Reaktion, die Ökologen nennen diese Lebewesen deshalb »photo-autotrophe«, und uns allen sind sie als die »grünen Pflanzen« vertraut. Die Folgen ihrer Ausbreitung waren für die meisten anderen Lebewesen verheerend, weil die Photosynthese Sauerstoff freisetzt, vor dem diese nicht entsprechend geschützt waren. Vor allem »verbrannte« der

Sauerstoff aber die Erdoberfläche: Gesteine »verrosteten«. Es dauerte sehr lang, Hunderte von Millionen Jahren, bis so gut wie die ganze Erdoberfläche mit dem Sauerstoff reagiert hatte und oxidiert war. Der immer noch anhaltende Überschuß sammelte sich in der Atmosphäre an – und wurde zum Wegbereiter für die höher und komplexer organisierten Lebewesen, insbesondere für die Tiere. Denn um sich vor dem Sauerstoff zu schützen, mußten sich die vormals winzig kleinen Lebewesen zusammenschließen und schützende Oberflächen ausbilden. Das verlangsamte zwar die Lebensabläufe – Bakterien können sich durch Teilung viel schneller vermehren als wir Menschen oder andere, komplexe und große Lebewesen – aber dafür gewann das Leben neue Möglichkeiten, sich innerlich zu organisieren. Die komplexen Lebewesen bestehen aus Organen, die ihre Arbeit nicht mehr nur für sich selbst verrichteten, wie das im Stadium der Einzeller oder noch früher, der Bakterien, der Fall war und ist, sondern sie spezialisierten sich für ganz bestimmte Funktionen, die sie gemeinsam, in Organen, weit besser ausführen konnten. Und da der sehr reaktive Sauerstoff nun in Hülle und Fülle zur Verfügung stand, konnten sich Organismen entwickeln, die auf Kosten von Sauerstoff-Produzenten leben. Diese Organismen sind uns als Tiere und Pilze vertraut. Damit begann sich die Grundstruktur der ökologischen Systeme allmählich herauszubilden, weil nun, mit der Entstehung der Tiere und Pilze, Lebewesen vorhanden waren, die den von den Erzeugern, den Pflanzen, hergestellten Überschuß wieder abbauten. Auch zahlreiche Bakterien beteiligten und beteiligen sich an diesem Abbau; aus ihren Wechselwirkungen mit den Produzenten entstehen somit Ökosysteme, und aus Prozessen, die zunächst nur in eine Richtung verliefen, sind Kreisläufe geworden.

Das alles braucht nicht nur nach unserem Zeitempfinden fast unendlich viel Zeit, sondern es ergaben sich mit den massiven Veränderungen, die von der Überschußproduktion der grünen Pflanzen erzeugt worden war, ganz neuartige Lebensbedingungen. Insbesondere mit der Eroberung des Landes durch die Pflanzen, wo Wasser im Vergleich zum Ozean rar, Mineralstoffe für die Produktion dafür aber überreich vorhanden sind, wurde das Problem der Überschüsse und ihrer Nicht-Verwertung wieder ganz gravierend. In der Zeit des Erdaltertums, Phasen davon sind als »Steinkohlenzeit« bekannt, erzeugten die Pflanzen an Land, begünstigt durch ein sehr warmes und feuchtes Klima, so gewaltige Mengen an Biomasse (also an Produkten der Photosynthese), daß diese sich in Form der gigantischen Kohle- und Erdöllagerstätten absetzten und die Zeiten überdauerten. Heute zehren wir von diesen Energievorräten, die eine ferne Zeit – gut 400 Millionen Jahre ist es her! – erzeugt hatte. Von einem »Gleichgewicht des Naturhaushaltes« war keine Spur; im Gegenteil: Produktion und Abbau standen in so krassem Ungleichgewicht zueinander, daß die Produktion sich selbst zu ersticken drohte.

Damals bildete sich wohl erstmals das, was wir heute als Grundlage der Produktion unserer Nahrung so sehr schätzen und worauf wir mit größter Sorgfalt achten sollten: der Boden! Genauer gesagt, der Humus – der durch organische Stoffe durchsetzte, von den Pflanzen auf- und zubereitete Boden, nicht das mineralische Produkt der Verwitterung. Humus ist eine Mischung aus Leben, toten organischen Stoffen und Mineralien. Er kam erst in den letzten paar Hundert Jahrmillionen der Erdgeschichte mit ins Spiel, weil er ein Produkt der Lebewesen, insbesondere der grünen Pflanzen ist. Diese schufen sich mit der Bodenbildung nicht nur ungleich bessere Lebensbedingungen an Land, weil der Humus einen oftmals ganz beträchtlichen Vorrat an Mineralstoffen enthält, sondern auch die Möglichkeit, dicht an dicht zu wachsen und geschlossene Bestände zu bilden. Diese verändern, wie wir das vom Wald kennen, das örtliche Klima erheblich. Im Zusammenwirken mit dem Humus gestaltet sich die Wasserhaltekapazität des Bodens besser und ist damit günstiger für das Pflanzenwachstum. Aber durch die Bestandsbildung und die damit verbundene starke Verdunstung von Wasser gelingt es den Pflanzen über ein tiefreichendes Wurzelwerk auch, Grundwasser hochzusaugen und einen eigenen Wasserkreislauf zu erzeugen. Dichter Bewuchs bremst Windgeschwindigkeiten und hält den Boden »fest«, der sonst verweht werden würde. Er dämpft die Intensität der Sonneneinstrahlung und mildert damit die Extreme der Temperaturen, um nur die wichtigsten Auswirkungen anzuführen. Kurz: Die Lebewesen gestalten sich die Lebensbedingungen zu einem beträchtlichen Ausmaß selbst. Sie sind nicht mehr voll und ganz abhängig von dem, was die unbelebte Umwelt anbietet oder was sie darin vorfinden.

Das gilt an Land wie im Meer, wo noch viel umfangreichere Gestaltungswirkungen der Lebewesen vorhanden sind. Sie haben Schwamm- und Korallenriffe aufgebaut, Kalk abgelagert, der sich durch erdgeschichtliche Vorgänge zu Hochgebirgen auftürmte, die Meeresströmungen beeinflußt und die Verteilung und Häufigkeit der gelösten Stoffe im Meer verändert. Kein Ort der Erdoberfläche ist ohne Einwirkung des Lebens geblieben, seine Spuren und Nachwirkungen finden sich überall. Leben ist eine gestaltende Kraft; es nimmt nicht einfach hin, was die Umwelt hat, sondern greift aktiv ein in die Vorgänge. Die großen Kreisläufe des Sauerstoffs, des Kohlenstoffs, des Stickstoffs und des Wassers sowie viele Umlagerungen von Mineralstoffen sind entweder vom Leben direkt gesteuert oder stark beeinflußt. Sie laufen nur mehr oder minder stark nach rein physikalisch-chemischen Prozessen und Rahmenbedingungen ab. Und selbst als Einwirkungen kosmischen Ursprungs – wie die Einschläge von Riesenmeteoriten oder auch Serien gigantischer Vulkanausbrüche – die Atmosphäre und Erdoberfläche in Form und Ausmaß wahrhaft weltweiter Katastrophen heimsuchten, schafften die Lebewesen immer wieder den Ausgleich und machten sich die Erde nach und nach wieder zurecht, auch wenn dabei jeweils viel Leben zugrunde ging.

Der Blick zurück lehrt daher, daß Leben und Erde viel dynamischer gewesen sind, als wir uns das aus den heutigen Lebensbedingungen heraus vorzustellen angewöhnt haben – und wohl auch so einstufen müssen, weil unser Wohl und Wehe tatsächlich davon abhängt. Und doch bleibt die Erkenntnis: Der Naturhaushalt der Erde ist etwas Gewordenes und das Leben selbst war in starkem Maße an seiner Entstehung beteiligt.

Unsere Erde und ihre Natur

Die Energie für den Betrieb des »Raumschiffs Erde« liefert im wesentlichen die Sonne. Sie strahlt 8,123 Joule pro Quadratzentimeter und Minute ein, das entspricht 1,35 Kilowatt pro Quadratmeter. Das ist die Menge, die am Rand der Atmosphäre eintrifft, sie wird als Solarkonstante bezeichnet. Wieviel davon letztlich die Erdoberfläche erreicht, hängt von verschiedenen Umständen wie Bewölkungsgrad, Trübung der Atmosphäre durch vulkanischen Rauch, Brände oder andere, die Lichtwellen zurückstrahlende Stoffe ab. Ganz besonders aber wirkt sich die geographische Breitenlage aus. Je steiler die Sonnenstrahlen auftreffen, desto leichter gelangen sie bis zum Boden und umgekehrt. In mittleren Bereichen erreichen noch etwa zwei Drittel der Solarkonstanten-Menge, 5,44 Joule pro Quadratzentimeter und Minute, die Erdoberfläche bei Meeresniveau. Allein die Unterschiede in der Menge der jährlich eingestrahlten Sonnenenergie strukturieren die Erde in die kalten Polargebiete, die heiße Tropenzone beiderseits des Äquators und die im Jahresrhythmus zwischen warm und kalt schwankenden temperierten Breiten. An Land sind diese Unterschiede wegen der stärkeren nächtlichen Ausstrahlung und der geringeren Fähigkeit, Wärme zu speichern, größer als im Meer. Wasser dämpft die Extreme. Dennoch zeigen sich global ganz massive Unterschiede in der Umsetzung der eingestrahlten Energie in der pflanzlichen Produktion. Zunächst ist festzuhalten, daß diese im Meer durchschnittlich weit geringer ausfällt als an Land. Die »Netto-Primärproduktion«, also die Produktion an pflanzlicher Substanz abzüglich der Kosten an Stoffen, die dabei entstehen und über den Umsatz wieder »verbraucht« werden, beläuft sich im offenen Weltozean auf jährlich insgesamt etwa 41,5 Milliarden Tonnen Trockensubstanz (Gewicht ohne Wassergehalt), auf den Kontinenten aber auf 117,5 Milliarden Tonnen pro Jahr. Da der offene Ozean rund siebzig Prozent der Erdoberfläche einnimmt – also mehr als doppelt soviel wie die produktive Landfläche (ohne die Eiskappen der Pole) –, erbringt das Land die mehr als fünffache Produktionsleistung. Daran ändern auch die hochproduktiven küstennahen Meeresregionen nicht viel, denn auf sie entfallen nur etwa zehn Milliarden Tonnen pro Jahr – weniger als ein Zwanzigstel der Gesamtproduktion der Erde.

Der Unterschied ist am größten zwischen den tropischen Ozeanen und den tropischen Regenwäldern, die mit 37,4 Milliarden Tonnen pro Jahr mehr produzieren als die Gesamtheit der tropischen und subtropischen Ozeangebiete – das mehr als Zwanzigfache auf die Flächen bezogen! Im Meer sind es dagegen die kalten, polnahen Gebiete, in denen die größten Produktionsleistungen stattfinden. Fische, Seevögel und Meeressäugetiere konzentrieren sich nicht ohne Grund rund um die Antarktis und in den Nordpolarmeeren. Die warmen, tropischen Meere sind im Vergleich dazu Wüsten. Blau ist die »Wüstenfarbe« des Meeres; Grün signalisiert das Vorhandensein von Algen, insbesondere von winzigen schwebenden Algen (pflanzliches Plankton genannt), so, wie es an Land die Vegetation kennzeichnet. Die Photosynthese nutzt im wesentlichen das »Fenster« der Wellenlängen von 380 bis 740 Nanometer und das Blattgrün erscheint unserem Auge daher »grün«. Im Meer ist die Palette mit roten und braun-gelben Pigmenten noch größer als an Land, weil das Wasser »harte Strahlung« besser abschirmt und die Pflanzen infolgedessen weniger Schutzstoffe für ihren empfindlichen Photosyntheseapparat benötigen. Licht kann daher im Meer noch in erstaunlicher Tiefe für die Energiegewinnung genutzt werden. Verglichen mit hochwüchsigen Wäldern, die siebzig Meter oder mehr über Grund erreichen können, ist die Lichtnutzungstiefe im Meer aber nicht grundsätzlich anders. Der höhere Nutzungsgrad liegt daher primär am Zusammenwirken von Lichtmenge, die an Land generell größer als im Meer entsprechender Breitenlage ausfällt, und an Nährstoffen, die für die pflanzliche Produktion benötigt werden.

Sind Nährstoffe in den Tropen gut verfügbar, weil etwa vulkanische Böden ein reiches Reservoir anbieten und Wasser im nötigen Umfang vorhanden ist, erreicht die Produktion der Pflanzen dort ihre Höchstwerte. Im Meer sind die Nährstoffe knapp und fein verteilt, nicht konzentriert. Deshalb sind die kalten Meeresgebiete in aller Regel produktiver als die warmen, weil das kalte Wasser zumeist aus der nährstoffreicheren Tiefe stammt. Wo es Regionen mit hoher Einstrahlungsintensität erreicht, wie an der südamerikanischen Westküste im Bereich des Humboldt-Meeresstromes, der bis zum Äquator reicht, quillt das Meer geradezu über vor Leben. Dabei ist entscheidend, daß es sich beim Humboldt-Strom um einen sehr kalten Meeresstrom handelt, der aus dem Antarktischen Meer stammt und zusätzlich von eiskaltem Tiefenwasser gespeist wird. Solche Meeresteile erreichen, wie auch nährstoffreiche Flußmündungen, Produktionswerte, die durchaus mit denen an Land konkurrieren können und mit bis zu vier Kilogramm Produktion pro Quadratmeter und Jahr etwa auch den Höchstwerten tropischer Regenwälder gleichkommen.

Die Verteilung von eingestrahlter Energie sowie die Verfügbarkeit von Nährstoffen und Wasser wirken daher als Hauptfaktoren für die globale Verteilung der Produktion zusammen. Insgesamt macht die Netto-Primärproduktion weltweit etwa 172,5 Milliarden Tonnen pro Jahr aus, und die gesamte Biomasse der Erde beläuft sich auf rund 1850 Milliarden Tonnen. So viel wiegt das Leben auf der Erde gegenwärtig (und stellt doch nur drei Milliardstel der gesamten Erdmasse dar)! Solche Zahlen können viel oder wenig bedeuten. Einmal besagen sie, daß ein Großteil des Sauerstoffs, der sich in der Atmosphäre befindet, von der Pflanzenwelt freigesetzt, dafür aber von Tieren, Menschen und Mikroben auch wieder veratmet wird. Er bleibt im Kreislauf und seine Menge ist in der Tat eine direkte Folge der Lebenstätigkeit.

Das gilt auch für sein Gegenstück in der Wechselwirkung mit den Lebewesen, für das Kohlendioxid. Mit einem Anteil von einem Drittel Promille gehört es zu den »seltenen« Bestandteilen der Luft, wenngleich noch nicht gerade zu den Spurengasen. Seine Menge schwankt in Abhängigkeit von den Produktionsbedingungen. Ist das Wachstum der Pflanzen stark, weil die Bedingungen hierfür – Wärme, Feuchtigkeit und Mineralstoffverfügbarkeit – günstig sind, nimmt sein Anteil ab und sinkt auf etwa ein Viertel eines Promilles. Gegenwärtig steigt der Kohlendioxidgehalt. Warum, ist zwar noch immer etwas umstritten, aber die Mehrzahl der Befunde spricht dafür, daß wir Menschen die Ursache sind. In den letzten hundert Jahren stieg der Anteil des Kohlendioxids in der Atmosphäre nach den vorliegenden Messungen um 6 ppm (Parts per million). Ob diese Zunahme die Ursache des gleichzeitig ermittelten, weltweiten Temperaturanstiegs um gut ein halbes Grad ist oder diese im Rahmen der natürlichen Schwankungen liegt, darüber streitet man sich.

Gleichwohl ändert das nichts daran, daß mit großer Wahrscheinlichkeit in jüngster Zeit der Mensch zu einem globalen Umweltfaktor geworden ist. Das geht auch aus seiner »Biomasse« hervor, die in unserer Zeit auf etwa 300 Millionen Tonnen angewachsen ist. Etwa 68 Prozent davon sind Wasser, so daß knapp hundert Millionen Tonnen Trockenbiomasse verbleiben. Zusammen mit seinen Haustieren, von denen schon die Rinder weltweit mehr Biomasse auf die Waage bringen als die Menschheit selbst, macht dies schon mehr als ein Zehntel allen Lebens aus, das sich im Meer befindet. Es lohnt sich also, in die globalen Bilanzen noch etwas genauer hineinzublicken. Um das Jahr 1970 wurde folgende Bilanzierung aufgestellt: Die Biomasse der Menschheit betrug 52 Millionen Tonnen, die seiner Nutztiere das gut Fünffache, 265 Millionen Tonnen. Die übrige tierische Biomasse der Erde wurde auf etwa 2000 Millionen Tonnen kalkuliert. Die Verhältnisse haben sich in den vergangenen dreißig Jahren zu Ungunsten der nicht vom Menschen stammenden oder von ihm abhängigen Biomasse verschoben, so daß gegenwärtig etwa davon auszugehen ist, daß Menschheit und Nutztiere zusammen ein Viertel der gesamten tierischen Biomasse der Erde ausmachen. Tendenz zunehmend!

Wir dürfen uns daher nicht mit der viel größeren pflanzlichen Biomasse der Erde vergleichen, sondern mit jenen Organismen, die wie wir und unsere Haustiere davon leben. Daß das Gesamtgewicht aller Menschen auch gegenwärtig nur etwa 0,03 Promille der Masse des Lebens auf der Erde ausmacht, ist keine Versicherung und schon gar kein Grund zur Ausklammerung des Menschen als Wirkgröße im Haushalt der Natur. Denn trotz massiver, vielfach über das zuträgliche Maß hinausgehender Nutzung der Ozeane als Quelle für unsere Ernährung stammt die Hauptmenge der Nahrung, die der Mensch und seine Haustiere verbrauchen, vom Land. Im Meer liegt der Gesamtbestand an Fischen und fischähnlichen Lebewesen bei weniger als der Hälfte der Biomasse der Haustiere des Menschen! Um diese gewaltige tierische Biomasse, die der Mensch in Form seiner Haustiere direkt nutzt, aufzubauen und aufrechtzuerhalten, und um sich selbst mit pflanzlicher Nahrung zu versorgen, nimmt die Menschheit nämlich inzwischen mehr als ein Zehntel der gesamten pflanzlichen Primärproduktion an Land in Anspruch.

Der Mensch, nur 0,03 Promille der Masse des Lebens, verbraucht über zehn Prozent der Gesamtproduktion: Das ist die eigentliche Größenordnung; eine erschreckende Größe, die uns die Endlichkeit der Erde bewußt macht. Wir können längst nicht mehr aus dem vollen schöpfen, deshalb nimmt es nicht Wunder, daß so gut wie alle Lebensräume der Erde, zumal die produktiven, nicht nur vom Menschen beeinflußt, sondern auch mehr oder weniger stark ausgebeutet werden. Um die wenigen Reste, die noch einigermaßen unangetastet verblieben sind, geht es im weltweiten Ringen um die Erhaltung der Natur und der natürlichen Ressourcen. Warum sie wenig genutzt wurden oder fast ungenutzt geblieben sind, gibt Aufschluß auf die Art und Weise, wie und was in der Natur produziert wird.

Bei den Wüsten aus Eis und Sand ist es einfach zu sehen, daß dort nicht viel zu holen ist, abgesehen von den Schätzen, die unter der Erde liegen, wie Erdgas und Mineralstoffe. Aber warum überdauerten auch gut fünf Millionen Quadratkilometer Regenwald in den Tropen bis in unsere Zeit, obwohl darin oder an den Rändern dieser Wälder seit Jahrtausenden Menschen leben? Es gehört sicherlich zu den größten Merkwürdigkeiten in der Verteilung von Menschheit und landwirtschaftlicher Nutzung einerseits und den tropischen Regenwäldern andererseits, daß gerade dort, wo die pflanzliche Biomasse ihre größten Bestände und Höchstwerte der Netto-Produktion erreicht, nämlich in den tropischen Regenwäldern, die Siedlungsdichte der Menschen bis in die jüngste Zeit ähnlich gering war (mit weniger als einem Menschen im Durchschnitt pro Quadratkilometer) wie in den Wüsten der Erde. Dabei stecken in den tropischen Regenwäldern mit 765 Milliarden Tonnen Pflanzenmasse 41 Prozent der gesamten Pflanzenmasse der Erde, und die jährliche Netto-Produktion beträgt 37,4 Millionen Tonnen. Das ist das Vierfache der Netto-Produktion des mit Abstand größten Waldgebietes der Erde – des »borealen Nadelwaldes«, auch Taiga genannt, der sich über weite Teile des nördlichen Nordamerika und Nordasiens erstreckt – und mehr als das Dreifache bezogen auf die Flächenleistung von Kulturland. Für dieses gelten als Durchschnitt 650 Gramm pflanzliche Produktion pro Quadratmeter und Jahr; im tropischen Regenwald sind es 2200 Gramm pro Quadratmeter und Jahr. Weltweit bringt es das Kulturland auf fast zehn Milliarden Tonnen jährlicher Netto-Primärproduktion; soviel wie der boreale Nadelwald, dem es auch flächenmäßig mit 14 Millionen Quadratkilometern entspricht. Die Flächen, von denen Mensch und Haustiere leben, sind somit insgesamt gar nicht produktiver als die winterkalten Nadelwälder des Nordens. Somit sollte die Erde noch jede Menge ungenutzter oder besser zu nutzender Potentiale haben. Allein die Regenwälder der Tropen locken mit dem Dreifachen an jährlicher, vom Menschen weitestgehend ungenutzter Produktion. Doch das ist aller Wahrscheinlichkeit nach eine falsche Hoffnung, aufgebaut auf Irrtümern oder unzureichenden Kenntnissen, wie die Natur produziert und funktioniert. Um zu verstehen, weshalb es im wesentlichen die tatsächlich bereits genutzten Flächen sind, die der Mensch für sich und seine Bedürfnisse auch nutzen kann, und keine großen Reserven verfügbar sind, ist es nötig, tiefer in die Abläufe des Naturhaushaltes einzudringen. Der bloße Anblick üppiger Fülle kann sehr trügerisch sein – und karg erscheinendes Land kann besser zur Nutzung geeignet sein als mit dichten Wäldern bedecktes. Die Menschheit lernte dies im Verlauf ihrer Geschichte seit der Erfindung von Ackerbau und Viehzucht vor gut zehntausend Jahren durch Versuch und Irrtum kennen – und bezahlte hart für den unbedachten oder falschen Umgang mit der Natur! Wir dünken uns besser und klüger. Sind wir das wirklich?

Das Ökosystem

Die globale, gleichsam makroskopische Betrachtung der Erde liefert Vorstellungen zu den Größenordnungen der Leistungen und Umsetzungen des Naturhaushaltes. Zur Beurteilung der Zukunft des »Raumschiffs Erde« und seiner Bewohner, die auf Gedeih und Verderb davon abhängen, daß die Erde lebensfähig bleibt, sind diese Globalbilanzen notwendig. Die ersten dieser Art entstanden durch Hochrechnungen von Ergebnissen, die zwangsläufig nur örtlicher oder regionaler Natur sein konnten. Erst in den letzten Jahrzehnten ist es dank der Forschungs- und Überwachungssatelliten möglich geworden, etwa Verteilung und Dichte des grünen Pflanzenfarbstoffs Chlorophyll, an dem die Photosynthese im wesentlichen hängt, und dessen Menge ein gutes Maß für die vorhandene Pflanzenmasse wie auch für die Produktivität darstellt, weltweit lückenlos zu erfassen: Jeder Quadratmeter Erdoberfläche ließe sich bei Bedarf via Satellit erfassen. Die daraus abgeleiteten Daten haben die Kalkulationen verbessert und verfeinert, und inzwischen ist die Datenflut so groß, daß nur noch Hochleistungsrechner sie bewältigen können.

Ernteaussichten anhand von Verteilung und Menge der Niederschläge, Ausmaß von Trockenschäden oder Naturkatastrophen und vom Menschen verursachten Schäden, wie Waldbrände in den Tropen oder Subtropen, lassen sich auf diese Weise ermitteln und mengenmäßig zunehmend genauer fassen. Was sich aber wirklich abspielt, bleibt der Satellitenüberwachung verborgen, denn dazu bedarf es genauer Messungen vor Ort. Diesen ist es zu verdanken, daß wir die Satellitenbilder gleichsam »eichen« können und aus Flächen und Farben Mengen und Bewertungen abzuleiten imstande sind. Der entscheidende Durchbruch gelang, als das kartographische Erfassen von Lebensräumen, wie Wüsten und Steppen, Wälder und Kulturland in eine neue Methode übergeführt werden konnte: die Methode der Systemarbeit. Sie entwickelte sich aus der Übertragung der Systemtheorie auf den Naturhaushalt, und ihr zentrales Konzept ist das Ökosystem.

Anders als vorher, als die Ökologen mit Arten oder Lebensgemeinschaften, mit Pflanzengesellschaften oder Nutzungstypen arbeiteten, verzichtete man bei der Entwicklung des Ökosystemkonzepts von vornherein auf die genauere Kennzeichnung der beteiligten Organismen. Vielmehr kam und kommt es darauf an, was diese bewirken. So sind alle grünen Pflanzen, gleichgültig ob es sich um Bäume oder Kräuter, um Gras oder Getreide handelt, grundsätzlich »Erzeuger« von organischer Substanz, von Biomasse. An ihnen liegt und hängt die ursprüngliche Produktion, deshalb auch »Primärproduktion« genannt. Die Tiere und der Mensch leben davon entweder direkt oder indirekt, nachdem andere Verwerter diese Primärproduktion schon genutzt haben. Vereinfacht ausgedrückt, bilden die grünen Pflanzen die Basis für die nachfolgende Umsetzung und Nutzung. Sie werden daher durchaus treffend und in Anlehnung an die menschliche Wirtschaft als »Produzenten« bezeichnet. Ihnen gegenüber stehen allerdings gar nicht so unmittelbar, wie man in Weiterführung dieser Übereinstimmung mit der menschlichen Wirtschaft annehmen könnte, die Verbraucher, die Konsumenten, sondern zunächst abbauende und zersetzende Lebewesen.

Sie sind es in der Hauptsache, die das produzierte organische Material wieder in die Ausgangsbestandteile zerlegen und »re-mineralisieren«. Was sie bei ihrer Lebenstätigkeit freisetzen, sind im Endeffekt das Wasser und das Kohlendioxid, die beim Aufbau der organischen Stoffe mit Hilfe der Lichtenergie in der Photosynthese miteinander verbunden worden waren, und Mineralstoffe, deren sich die Pflanzen zur Bildung von Eiweiß und anderen Stoffen bedienen. Alle bei der Photosynthese eingefangene Energie wird dabei wieder freigesetzt und für die Lebenstätigkeit dieser »Zersetzer« genutzt. Sie tragen in der Ökologie die Bezeichnungen »Destruenten« oder, wenn es mehr um die chemischen Vorgänge geht, »Reduzenten«. Die nach unseren Begriffen leichter zu verstehenden »Konsumenten« schieben sich in mehr oder weniger bedeutendem Umfang zwischen Produzenten und Destruenten. Dabei wird der einfache, ursprüngliche und kurzgeschlossene Kreislauf von Auf- und Abbau komplexer und erweitert. Auf jeden Fall ergibt sich aber ein Kreisprozeß, weil auf den Aufbau, den die Produzenten bewerkstelligen, wieder der Abbau folgt. Die Umwege darin, die »Erweiterung«, sind die Konsumenten, dazu gehören die meisten Tiere und der Mensch.

Produzenten, Konsumenten, Reduzenten: Aus diesen drei Grundbestandteilen setzt sich das Ökosystem zusammen. Für sein Funktionieren ist entscheidend, daß Energie durch ein solches System hindurchfließt. Die Energie bildet die

Triebkraft oder den Treibstoff, wenn wir eine Maschine damit vergleichen wollen. Und wie bei dieser entstehen Abgase oder Abfallstoffe unweigerlich, weil es in der Natur kein völlig geschlossenes System geben kann, das sich aus sich selbst heraus erhält und betreibt. Stoffe (Materialien) und Energie fließen durch das Ökosystem – die Energie ausgeprägter, weil die Stoffe vielfach im Kreislauf bleiben und nur in geringfügigem Maße ausgeschieden und ersetzt werden müssen. Die Energie muß auf jeden Fall immer wieder ersetzt werden, auch wenn sie noch so effizient im Ökosystem gehalten wird. Was den Organismen gelingt, ist nichts weiter als eine teilweise Verzögerung des Energieflusses – allerdings nur dadurch, daß dafür nicht erneuerbare Energie um so stärker durch das System fließt und, wie die Physiker es ausdrücken würden, die Entropie vermehrt. Es kommt nun ganz entscheidend darauf an, wie lange die energiespeichernde Verzögerung anhält.

In den ganz ursprünglichen Lebensprozessen spielte die Speicherung noch so gut wie keine Rolle. Die Stoffe, die zur Energiegewinnung dienten, wurden genutzt und später »verbraucht« wieder abgegeben. Zu einer Wiedernutzung kam es nicht. Ein Beispiel dafür sind die heute noch existierenden Eisenbakterien. Sie leben, vermehren sich und sammeln gefälltes Eisenoxid an, das sich in Jahrmillionen zu Erzlagerstätten verdichten kann, ohne daß ein Rücklauf erfolgt. Das »System« besteht nur aus dem Produzenten, den Eisenbakterien. Genutzt werden sie und ihr Produkt nicht mehr. (Es sei denn, Menschen verhütten heutzutage das von den Bakterien gebildete Eisenerz, aber das ist eine ganz junge Entwicklung in der Evolution!) Mit der Erzeugung des energiereichen »Abfallprodukts« der Photosynthese, der überschüssigen organischen Substanz (Kohlenhydrate), wurde also eine weit höhere Produktion erreicht, als die Pflanzen für ihre Eigenerzeugung von Lebensenergie brauchen; daher kam der Abbau als Gegenstück zum Aufbau hinzu. Das »System« war zum Ökosystem geworden – und erzeugt nicht nur Biomasse, sondern als weiteres Abfall- und Überschußprodukt den Sauerstoff: Abbauende (Mikro-)Organismen konnten sich nun daranmachen, diese Überschüsse und ihren Energiegehalt zu nutzen. Im Gegensatz zu den im Verlauf der Evolution immer größer werdenden Produzenten, die von mikroskopisch kleinen Blaualgen (Cyanobakterien) abstammen und zu Gras und Bäumen wurden, blieben die Abbauer klein und effizient. Bakterien und Pilze sind es im wesentlichen, die zur Gruppe der Destruenten und Reduzenten gehören. Im Prinzip könnten sie die Produktion genauso schnell wieder abbauen, wie diese entsteht. Daß grüne Pflanzen in gewaltigen Massen aber jahre- oder jahrzehntelang, in ihrer Gesamtheit als Wald auch noch viel länger, lebendig bleiben, ohne zersetzt und zerstört zu werden, verdanken sie ihren Schutzmechanismen und der Geschwindigkeit, mit der sie an Land produzieren können.

Im Meer ist das anders. Deshalb macht die gesamte Biomasse der Pflanzen im offenen Meer mit kaum einer Milliarde Tonnen nur knapp ein Zweitausendstel der pflanzlichen Biomasse an Land aus, und nur drei Gramm pro Quadratmeter Meeresoberfläche sind an Pflanzenmaterial gebunden. In den Wäldern an Land sind es bis zu 45 Kilogramm pro Quadratmeter. Aber der Umsatz im Meer verläuft viel schneller, so daß die Netto-Produktivität auf ein Fünftel der des Landes ansteigt. Die winzig kleinen Pflanzen werden ungleich rascher abgebaut, und sie erneuern sich auch erheblich zügiger wieder als die großen Pflanzen, besonders die langlebigen Bäume. Produktivität ist Umsatz und nicht gleichzusetzen mit dem vorhandenen Bestand. Ein großes Lager bedeutet für eine Firma keineswegs immer gute Gewinne, oftmals ist eher das Gegenteil der Fall. Größerwerden heißt daher langsamer sein (und die Umsetzungsgeschwindigkeit verzögern). Dieser Vorgang, der sich schon zu Beginn des höheren Lebens in der fernen Frühzeit des Erdaltertums abspielte, eröffnete den Tieren die Möglichkeit, auf die Bühne der Ökologie zu kommen. Die Konsumenten nutzten die Verzögerung zwischen Produktion und Abbau zu ihren Gunsten und verlängerten damit den Ablauf.

Diese Entwicklung führte zur Bildung von Nutzungsstufen und zu einer hierarchischen Gliederung innerhalb der Ökosysteme und begründete die sogenannten Nahrungsketten. Im einfachsten Fall sehen diese so aus: Die grünen Pflanzen als Produzenten werden von Tieren als Nahrung genutzt. Diese ihrerseits fallen dann Tieren zum Opfer, die sich nicht von Pflanzen, sondern von Tieren ernähren, und diese können wiederum die Nahrungsbasis für weitere Nutzer sein. So entstehen mehrgliedrige Nahrungsketten, zumeist sind sie drei bis vier Nutzungsstufen lang – selten länger! Das hat Gründe. Mit jeder Nutzungsstufe in der Nahrungskette geht sehr viel von der vorhandenen Energie verloren; durchschnittlich achtzig bis neunzig Prozent. Das bekommt die Landwirtschaft zu spüren, wenn sie Rinder auf der Weide hält und das, was die Rinder an Fleischertrag liefern, mit dem vergleicht, was eine gleich große Fläche an Getreide einbringen würde – sofern der Boden und das Klima dafür geeignet sind! Ernähren sich Löwen von solch großen Weidetieren, etwa von Büffeln oder Zebras auf ostafrikanischen Savannen, sind diese viel seltener als ihre Beutetiere. Je weiter entfernt von der Basis der Nahrungskette, um so größer hat die produzierende Grundlage zu sein, um das betreffende Tier zu ernähren. So braucht ein Jaguar im mittel- oder südamerikanischen Regenwald ein Streifgebiet von mehreren hundert Quadratkilometern, um satt zu werden, weil das, was am Boden wächst und für seine Beutetiere nutzbar ist, zu gering ausfällt. Der größte Teil der pflanzlichen Produktion befindet sich in den Regenwäldern hoch oben in den Baumkronen. Savannen, Steppen und anderes Grasland eignen sich viel besser als Wälder für Großtiere, die von Pflanzen leben, deshalb finden wir nicht nur dort natürlicherweise eine mehrhundertfach höhere Häufigkeit solcher Tiere als im dichten Wald, sondern bei der landwirtschaftlichen Nutzung setzt auch der Mensch auf solche Tierarten, die sich am Boden von Pflanzenwuchs ernähren, und nicht auf jene, die oben in Baumkronen nach Nahrung suchen.

Im Wald liegt die tierische Biomasse nur bei wenigen Prozent bis hin zu mehreren Promille. In der einfachsten Form der Nahrungskette sieht das also so aus: Tausend Tonnen verwertbarer Pflanzen ernähren größenordnungsmäßig zehn Tonnen von Tieren der ersten Konsumentenstufe, und diese können ihrerseits von etwa hundert Kilogramm Zweitnutzern (Sekundärkonsumenten) genutzt werden. An die dritte Position der Nutzer kommen nur noch solche Tiere, die selbst nicht wesentlich mehr als ein Kilogramm wiegen. Größere brauchen eine noch breitere Basis der Primärproduktion. An Land, wo sich die Pflanzenbestände nicht so schnell wie im Wasser erneuern, bleiben die Nahrungsketten daher in der Regel auf drei bis vier Glieder beschränkt. Im Wasser, insbesondere in hochproduktiven Meeresgebieten mit hoher Umsatzrate, kann sich auch eine fünfte Stufe ausbilden.

Daß es dennoch mitunter zu noch mehr Stufen in der Nutzung der Nahrung kommen kann, liegt an den Querverbindungen und Vernetzungen. Sie machen aus einfachen Nahrungsketten komplexe Nahrungsnetze. Um die hohen Energieverluste, die bei höheren Positionen in den Nahrungsketten auftreten, kommen die Lebewesen dabei nicht herum. Sie können nur durch Kombination unterschiedlicher Nahrungsquellen den Aufwand, der mit langen Nahrungsketten verbunden ist, akzeptabel machen. So verzehrt manches Tier, das sich zwar vornehmlich von Fleisch ernährt, auch Früchte und andere, nährstoff- und energiereiche Pflanzenteile. Nur in Ausnahmefällen bleibt ein Nutzer genau auf eine Nahrung fixiert. Wenn das der Fall ist, handelt es sich um extreme Spezialisten, die dann auch sehr anfällig für Schwankungen im Angebot sind. Flexibilität ist in den meisten Fällen besser als allzu starres Spezialistentum. Doch das wird noch genauer zu behandeln sein, wenn es um die ökologischen Nischen der verschiedenen Arten geht.

Für die Grundstruktur und das Funktionieren von Ökosystemen ist es unerheblich, welche Arten in welchem Umfang beteiligt sind oder verschiedene Positionen nutzen. Es geht im System um die Bilanzen. Und die sehen so aus, daß nicht nur mit jeder Nutzungsstufe viel Energie verlorengeht, sondern natürlich auch Material. In den Mägen der natürlichen Feinde landet im allgemeinen der geringere Teil der Lebewesen. Die Mehrzahl geht aus anderen Gründen zugrunde und wird als Kadaver oder totes Pflanzenmaterial zersetzt. Unterschiede gibt es allerdings in den verschiedenen Typen von Lebensräumen. So nehmen die Tiere als Konsumenten in Wäldern ganz allgemein einen geringen Anteil an den Stoffumsetzungen und Energieflüssen ein; in mitteleuropäischen Naturwäldern wie in Forsten nur etwa um ein Prozent!

Im tropischen Regenwald sinkt der mengenmäßige Anteil der Tiere und ihre Beteiligung am Stoffumsatz trotz des immensen Artenreichtums auf noch geringere Werte von wenigen Promille. Würden viele Tiere nicht als Bestäuber von Blüten und Transporteure von Samen der Pflanzen eine wichtige Rolle spielen, könnte der Wald glatt auf sie verzichten. Denn in der immerfeuchten Wärme verläuft der Abbau so gut, daß er mit der Produktion Schritt halten kann, und sich infolgedessen auch kein Humus in nennenswerten Mengen ansammelt – als Zeichen für eine langsamere Zersetzung. Ganz anders ist das in den Grasländern der temperierten Breiten. Hier wächst das Gras oberirdisch in den ausreichend warmen Monaten so schnell, anschließend kommt die Winterkälte mit Bodenfrost so plötzlich, daß große Teile der nachgewachsenen Pflanzen nicht von den Bakterien und Pilzen im Boden vollständig abgebaut werden können. Sie gehen, halb zersetzt, in Humus über. Wären da nicht die weidenden Großtiere, würde das Grasland vielerorts an seiner eigenen Produktion regelrecht ersticken. Auch das kennen die Landwirte gut: Nicht gemähte Wiesen verfilzen, wachsen mit den Jahren immer schlechter und bringen ungleich weniger Ertrag als regelmäßig in den richtigen Abständen gemähte oder beweidete.

Noch krasser ist das Mißverhältnis in den Hochmooren, wo sich die zwar geringe, aber doch Jahr für Jahr zustande kommende Produktion wegen des Sauerstoffmangels gleich unter der Oberfläche nicht mehr zersetzen kann und infolgedessen immer weiter anwächst. Das Moor wird zum »Hoch«-Moor, weil es sich aufwölbt durch die Ansammlung der eigenen Produktion. Verbrauch und Produktion sind keineswegs im Gleichgewicht, und deshalb sammelt sich Material an der Stelle an, an der sich der Überschuß ergibt. Im Wiesenboden wie auch auf dem Ackerland ist dieses Mißverhältnis willkommen, weil sich fruchtbarer Humus bildet. Sammeln sich dagegen die organischen Überreste im Gewässer an, bildet sich mit der Zeit Faulschlamm, den wir nicht so gerne sehen, weil die Qualität des Wassers darunter leidet.

Umgekehrt bedeutet ein schnellerer Abbau als Aufbau, daß die Produktion gering ausfällt oder überhaupt keine Überschüsse zustande kommen. Solche Verhältnisse gibt es in vielen Ökosystemen. Meist begrenzt irgendein Grundstoff die Produktion oder es fehlt an Wärme. So hätte die arktische Tundra mit ihrem dürftigen Pflanzenkleid an sich vielerorts genug Nährstoffe im Boden und im kurzen Sommer auch ausreichend Wasser, aber es fehlt an Wärme und Licht.

Die Leistung der Pflanzen bleibt daher bescheiden mit wenigen hundert Gramm pro Quadratmeter und Jahr. Dies ist aber immer noch besser als in Wüsten, in denen Wärme und Licht in Überfülle vorhanden sind und der Boden voller Nährsalze steckt, aber das Wasser fehlt. Das Ausmaß der Primärproduktion bestimmt daher zwangsläufig den Typ des Ökosystems: ob Stoffe und Energie reichlich fließen oder knapp bleiben. Die Spanne reicht von kaum meßbaren wenigen Milligramm Produktion pro Quadratmeter und Jahr in Eis- und Sandwüsten bis zu mehreren Kilogramm in den hochproduktiven Lebensräumen. Die Grundstruktur bleibt dabei jedoch stets gleich – und darin äußert sich die Qualität des Ökosystemkonzepts. Ob die Verhältnisse fett oder mager sind, die Abläufe sind die gleichen. Von der Primärproduktion leben die Konsumenten, und beide werden letztendlich von den Destruenten wieder abgebaut. Je komplexer aber die Nutzungsabfolgen, desto artenreicher sind die Ökosysteme – und desto mehr geht in den vielen Einzelschritten der Nutzung wieder verloren. Hochproduktive Ökosysteme erweisen sich daher in aller Regel als ziemlich artenarm und einfach gebaut, komplexe, artenreiche dagegen als wenig produktiv – zumindest, was den abschöpfbaren Überschuß betrifft.

Der Mensch machte sich diese Gegebenheit, ohne die genauen Gründe gekannt zu haben, dadurch zunutze, daß er die natürlichen, schon verhältnismäßig produktiven Ökosysteme vereinfachte und damit die Produktivität auf einige wenige Pflanzen oder Tiere konzentrierte. Die insbesondere vom Naturschutz vielbeklagte, aber auch von großen Teilen der Bevölkerung bedauerte Vereinfachung und Vereinheitlichung der landwirtschaftlich genutzten Fluren oder der Wälder hängt ursächlich damit zusammen. Land- wie Forstwirtschaft versuchen, soviel wie möglich von Grundstoffen und Energien in die Nutzpflanzen einfließen zu lassen. Deren

Anteil an der Produktion steigt entsprechend, während die der anderen zurückgedrängt und in der modernen Landwirtschaft so gut wie ganz ausgeschaltet werden. Das ist der Hintergrund zu der vielleicht überraschenden Tatsache, daß die landwirtschaftlich genutzten Flächen weltweit insgesamt auch nicht mehr produzieren als die im Vergleich dazu eher ärmlich wirkenden Nadelwälder des Nordens. Aber während außer bestimmten Insekten oder Pilzen niemand das Holz der Fichten und Kiefern direkt essen kann, das den Hauptteil des jährlichen Zuwachses im borealen Nadelwald ausmacht, liefern Getreide und andere Nutzpflanzen genau die Stoffe, die wir brauchen oder an die Haustiere verfüttern.

Ganz so neu ist die Einengung der Nahrungsnetze auf wenige Kanäle aber auch nicht. Seit Jahrmillionen funktioniert ein derartiges System mit kurzen, wenige Glieder und wenige dominierende Arten umfassenden Nahrungsketten rund um die Antarktis. Dort »beweidet« eine hochproduktive Krebsart, der Krillkrebs, die Produktion des pflanzlichen Plankton, wo sich das kalte, nährstoff- und sauerstoffreiche Wasser der Antarktis mit den etwas wärmeren Wassermassen der südlichen Ozeane mischt und durch die starken Westwinde immer wieder umgewälzt wird. Die Mengen an Krill sind gewaltig, man schätzte den Bestand auf 200 bis 400 Millionen Tonnen, also etwa so viel oder sogar mehr Biomasse, als alle Menschen zusammen auf die Waage bringen würden. Einige wenige Tiere, allen voran die großen Bartenwale, bestimmte Robben (Krabbenesser) und Pinguine, schöpfen davon bis über 300 Millionen Tonnen jährlich ab – ohne den hochproduktiven Bestand zu gefährden. Sie nutzten offenbar Jahr für Jahr ziemlich genau die Hälfte des Bestandes und hielten den Krill damit insgesamt hochproduktiv. Das geschah allerdings ohne künstliche Düngung und in direkter Wechselwirkung der Arten untereinander, deren Verteilung und Häufigkeit sich nach dem Angebot an

Krill richten mußte. Der Mensch will und kann das nicht. Er muß versuchen, die Erträge seiner landwirtschaftlichen Produktion so voraussagbar und sicher wie nur möglich zu gestalten. Deshalb wurde, nachdem jahrhunderte- oder jahrtausendelange Düngung mit Mist und anderen natürlichen Rückständen aus der Haustierhaltung und vom Menschen selbst nicht ausreichten, das System nachhaltig produktiv zu halten, auf künstliche Düngung ausgewichen.

Die Böden waren nämlich – unvermeidbarerweise, weil Verluste immer auftreten – mit der Zeit immer nährstoffärmer geworden. Sie magerten aus. Entsprechend gingen die Erträge zurück. Die von Justus von Liebig mit seinem »Gesetz des Minimums« entdeckten Zusammenhänge vermittelten die Grundlage und brachten einen schier unglaublichen Aufschwung in der landwirtschaftlichen Produktion. Liebig hatte erkannt, daß die Produktionsleistung der Pflanzen am stärksten von jenem Grundstoff für das Wachstum beeinflußt wird, der im Verhältnis zu den anderen benötigten Grundstoffen im Minimum ist. Durch gezielte Zugabe von Dünger, insbesondere der Grundstoffe Stickstoff, Phosphor und Kalium, ergänzt durch »Spurenelemente und Spurenstoffe«, konnte die Leistung der Nutzpflanzen stark, gebietsweise auf ein Mehrfaches gesteigert werden.

Mit diesem Erfolg, der, wie zu zeigen sein wird, auch schwerste Umweltbelastungen nach sich zog, wurde schon vor mehr als hundert Jahren bestätigt, was erst die Ökosystem-Theorie unserer Zeit klarer zum Ausdruck brachte: Der Umfang der Leistungen von Ökosystemen hängt an der Verfügbarkeit von Grundstoffen für die Pflanzenproduktion und am Energieeinsatz, aber nicht etwa an einer vorgegebenen, natürlichen Struktur! Aus der Annahme einer »vorgefertigten Natur«, die so sein sollte, wie sie ist, und wenn überhaupt, nur höchst vorsichtig und schonend vom Menschen zu nutzen sei, entsprang ein grundlegendes, bis in die

Gegenwart fortwirkendes Mißverständnis zur Natur der Ökosysteme.

In den fünfziger und sechziger Jahren des 20. Jahrhunderts erläuterten einflußreiche Ökologen das Ökosystem auf eine mitunter recht mißverständliche Art und Weise. Sie sprachen von »natürlichen« und »künstlichen« Ökosystemen und bezeichneten sie als »Funktionseinheiten der Natur«. Das Ökosystem wurde gleichsam als eine höhere Wesensform der Organismen betrachtet – ein System, das über die Lebewesen hinauswirkt und sie auf eine besondere und charakteristische Weise mit der Umwelt verbindet. So, wie der Organismus (der vielzelligen Pflanzen und Tiere) aus Zellen aufgebaut ist, die sich zu Organen zusammengeschlossen haben und mit ihren Besonderheiten den funktionstüchtigen Organismus aufbauen, so sollten die Ökosysteme die nächste Stufe sein, die über den Organismus hinausreicht und sich, ähnlich wie die Zellen und Organe zu Organismen, zur großen Ganzheit zusammenfügt, zur Biosphäre. Die Ökosysteme als »Funktionseinheiten der Natur« paßten genau in diese Vorstellung von der Erde als einen großen und wahrlich großartigen Organismus. So bestechend diese Sichtweise auch sein mag und sosehr sie den Wünschen und Vorstellungen mancher, ja vieler Menschen entgegenkommt, sowenig ändert sich daran, daß die Betrachtung der Ökosysteme als Über-Organismen (Super-Organismus) nicht zutrifft und auch nicht zutreffen kann.

Um dieses Urteil nachvollziehen zu können, müssen wir zurückgreifen auf das, was zum Konzept des Ökosystems geführt hat, und die Natur der Lebewesen damit vergleichen. Das Ökosystem ist als Begriff und nicht nur seiner Entstehungsgeschichte nach nichts anderes als eine Abstraktion. Sie wurde gebildet, um unabhängig von den einzelnen Arten der Lebewesen und ihren Besonderheiten die Vorgänge und Umsetzungen im Naturhaushalt ihrer Menge nach, also quantitativ, erfaßbar zu machen. Die Messungen sind im wesentlichen physikalisch-chemischer Natur, nämlich Energieflüsse und Stoffumsetzungen oder -bilanzierungen. Die Kernfrage zielt darauf, was und wieviel davon ins System hinein- (input) und wieder herauskommt (output). Die Abgrenzung dieses Input-Output-Systems wird dabei im Prinzip völlig willkürlich vorgenommen. Ausschlaggebend ist, welche Antwort gesucht wird. Deshalb funktioniert diese Vorgehensweise genauso mit einer einzelnen Pflanze, die in ein geschlossenes Glasgefäß gegeben und mit genau dosierten Mengen an Nährstoffen, Wasser, Kohlendioxid und Licht versorgt wird, wie mit einem entsprechend untersuchten Ausschnitt aus einer Wiese, einem Waldstück, einem ganzen See oder einer Pfütze mit kurzlebigen Planktonalgen und -tierchen. Die Abgrenzung ist in diesem Sinne willkürlich und nicht etwa durch Barrieren vorgeschrieben, die das Ökosystem vorgibt, weil es, wie ein Organismus, klar sein Innen vom Außen abtrennt.

Der zweite grundlegende Unterschied besteht darin, daß in keinem »natürlichen« Ökosystem eine zentrale Funktionssteuerung vorhanden ist, die allen Teilen sagt oder auf irgendeine Weise fest vorgibt, was, wie und wieviel davon sie zu tun haben. Im Organismus vollzieht die Steuerung über das Erbgut (Genom) diese Funktion und regelt die Abläufe, so daß Innen und Außen nicht nur klar getrennt sind, sondern die Abläufe innen sich auch grundlegend von denen außerhalb des Organismus unterscheiden. Kein natürliches Ökosystem hat eine solche zentrale Funktionssteuerung, aber – das muß hier betont werden – in einem gewissen, vom Ausmaß der Steuerung sogar zunehmend bedeutenderen Umfang, besorgt der Mensch diese zentrale Funktionssteuerung in den von ihm geschaffenen Ökosystemen. Am stärksten ist dies in der modernen, technisierten und chemisierten Landwirtschaft der Fall, aber wenn wir, wozu es gute

Gründe gibt, Siedlungen des Menschen, insbesondere die Städte, als Ökosysteme (Stadtökosysteme) betrachten, liegt darin das Ausmaß der zentralen Funktionssteuerung noch höher.

Eine dritte, grundlegende Eigenschaft der Organismen, die den Ökosystemen fehlt, ist eng damit verbunden: Die Lebewesen können sich fortpflanzen, die Ökosysteme nicht! Auch wenn sie noch so dauerhaft und »langlebig« erscheinen mögen, die Fähigkeit zur Selbstreproduktion fehlt ihnen. Deshalb können sich Ökosysteme auch nicht wie die Lebewesen im Prozeß der Evolution durch Anpassung verändern. Sie brauchen das auch gar nicht, denn es sind in den Ökosystemen alle Zustände möglich, die tatsächlich denkbar sind, und nicht nur solche, die sich mit der inneren Regelung vertragen. Infolgedessen verändern sich Ökosysteme auch unablässig mehr oder minder stark in ihrer besonderen Artenzusammensetzung und in den Materialflüssen und Energieumsetzungen – und sie können sehr großen Schwankungen der chemisch-physikalischen Außenbedingungen ausgesetzt sein.

Die Gleichstellung mit einem Organismus, quasi als Super-Organismus, ist daher nicht mehr und nicht weniger als ein einprägsames Bild: Mit dem Funktionieren von Ökosystemen hat es so gut wie nichts zu tun. Das wird der tiefere Einblick in ihre innere Struktur ergeben. Wohlgemerkt, eine »innere Struktur«, die willkürlich von den Außeneinflüssen getrennt wird, weil Untersuchungstechnik oder Fragestellung dies wünschenswert erscheinen lassen oder notwendig machen. Oft handelt es sich bei der Bezeichnung »Ökosystem« konkret um gar nichts anderes als um die wohlbekannten Lebensräume, um einen Wald, einen Garten, eine Flußaue oder einen See. »Ökosystem« vor See zu setzen besagt, daß die mit dem Ökosystem-Begriff verbundenen Methoden angewandt werden sollen. Ökosysteme, das ist eine weitere Schlußfolgerung hieraus, können daher weder geschädigt werden, noch zusammenbrechen. Was ein abgegrenzter Ausschnitt aus der Natur macht, wenn Eingriffe getätigt werden oder sich aus anderen Gründen die Rahmenbedingungen ändern, ist nichts weiter, als in andere Zustände überzugehen. Ob wir das möchten und gutheißen oder nicht – das ist allerdings eine ganz andere Frage. Sie hat viel mehr mit Wertungen und Lebensanschauungen zu tun als mit Ökologie.

Einblicke in die Ökosysteme – die Akteure

Produzenten, Konsumenten und Reduzenten sind Gruppen, oder besser: Module in den Ökosystemen. Sie fassen die am Geschehen wirklich Beteiligten, die verschiedenen Arten von Pflanzen, Tieren und Mikroben nur zusammen, um einfacher Bilanz ziehen zu können. Ein genauerer Blick zeigt jedoch sofort, daß es sich bei diesen Gruppenbildungen meist um mehrere verschiedene Arten handelt, bei Betrachtung größerer Ausschnitte sogar um sehr viele. Teilsysteme, die nur von einer einzigen Art besetzt werden, sind äußerst selten und in der Natur so gut wie nie anzutreffen – ausgenommen der Ausschnitt, der betrachtet wird, ist sehr klein gewählt. Nehmen wir als Beispiel ein Waldstück. Der Baumbestand als mengenmäßig wichtigster Teil der Produzenten kann zwar, wenn es sich um einen gepflanzten Forst handelt, aus nur einer einzigen Art, aus dichtstehenden Fichten etwa, bestehen, aber schon am Waldrand werden Büsche anderer Arten hinzukommen. Wo Licht den Boden erreicht, wachsen Moose und Farne oder kleine Gräser. Sogar ein einförmiger Fichtenforst ergibt bei gründlicher Untersuchung ein ganzes Spektrum von Pflanzenarten. Im Mischwald wachsen mehre-

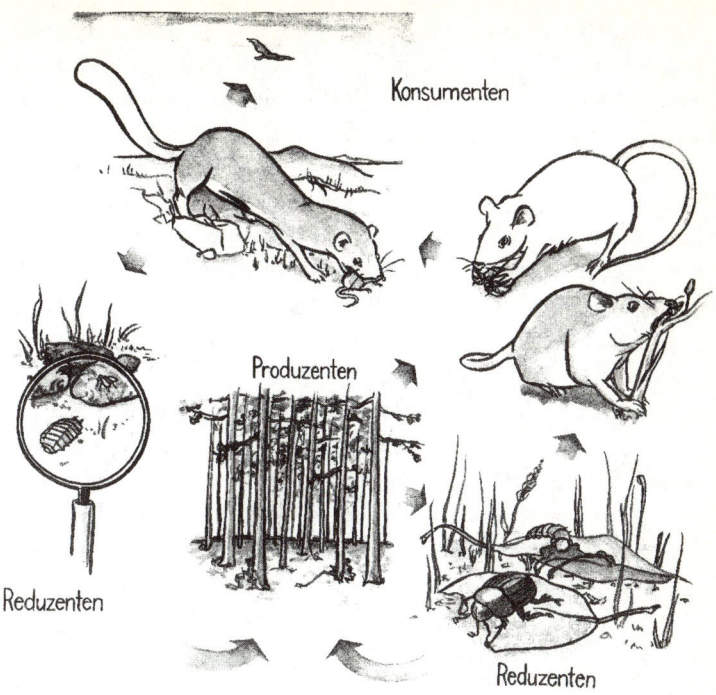

Ausschnitt aus dem Stoffkreislauf im Mischwald

re Hauptbaumarten, und es kommen auch im Wald selbst Sträucher hinzu. Von etwa zehn Baumarten bis über dreißig in Auenwäldern kann das Spektrum in Mitteleuropa reichen.

Unvergleichlich reichhaltiger an Holzgewächsen sind die Regenwälder der Tropen, in denen mehr als 600 verschiedene Arten auf einem Quadratkilometer vorkommen können. Nach außen bilden sie einfach den »Wald«, aber im Inneren zeigt sich eine Artenvielfalt, die weder aus den Zahlen wie 1200 bis 1500 Tonnen Pflanzenwuchs pro Hektar hervorgeht, noch der Leistung von 2,5 bis 3,5 Kilogramm Netto-

Primärproduktion pro Quadratmeter und Jahr zu entnehmen wäre. Das könnte auch von einer einzigen Baumart stammen, und manche raschwüchsigen Plantagen in den Tropen erreichen in der Tat ähnliche Werte, obwohl sie nur aus einer Baumart zusammengesetzt sind. Zu den Bäumen kommt eine Fülle anderer Pflanzen hinzu, darunter auch solche, die auf den Bäumen als »Aufsitzer« (Epiphyten) wachsen oder an ihnen parasitieren. In Auenwäldern ist die Bodenvegetation reich entwickelt und wechselt im Jahreslauf, von den Frühblühern wie Schneeglöckchen, Blausstern oder Anemonen zu hochwüchsigen Stauden und Kräutern wie Brennesseln und Rohrglanzgras. Noch vielfältiger zeigt sich die Tierwelt. In einem Wald können verschiedene Arten von Säugetieren, Dutzende Vogelarten oder Hunderte von Insektenarten leben; in den Tropen auf das Zig- oder Hundertfache davon gesteigert. Und jeder Kubikzentimeter Boden enthält eine solche Fülle von Kleinsttieren, Pilzen und Bakterien, die als Abbauer tätig sind, daß es kaum genug versierte Spezialisten gibt, die all die Arten auch richtig bestimmen können.

Liegen die Verhältnisse bei den Pflanzen noch vergleichsweise einfach, weil sie nahezu ausnahmslos den Produzenten zuzurechnen sind, so verliert sich die Spur, die den Nahrungsketten zu folgen versucht, bei den Tieren rasch im Geflecht der Wechselbeziehungen und der zahlreichen Möglichkeiten. Wer Erstkonsument ist, läßt sich bei zahlreichen Arten nicht mehr eindeutig festlegen; bei den Konsumenten höherer Stufe wird das noch problematischer. Denn eine Kohlmeise, die den Samen von Pflanzen verzehrt, betätigt sich als Erstkonsument, dann fängt sie ein Räupchen, das an einem Blatt nagte, und wird damit zum Zweitkonsumenten. Beim Fangen einer Spinne hat sie als Drittkonsument die Tätigkeit vom pflanzenverwertenden Insekt, das der Spinne ins Netz ging, schon mit einbezogen, und es kann sogar sein, daß sie beim Verzehr eines bestimmten, räuberisch lebenden Insekts noch eine Stufe höher rutscht und dem Sperber, der die Kohlmeise schließlich erbeutet, damit in die fünfte Position verhilft. Würde dieser, was durchaus einmal vorkommen kann, von einem größeren und stärkeren Greifvogel gefangen und verzehrt, wäre die Nahrungskette noch ein Glied länger geworden. Doch offensichtlich bedeutet das nichts mehr. Ein kleines Waldstück in Mitteleuropa kann daher zur schier unlösbar komplexen Aufgabe werden, wenn wir es zu genau, zu formal mit der Ökologie nehmen.

Die Alternative orientiert sich daran, was die verschiedenen Lebewesen in der Gemeinschaft in der Summe an Bedeutungsvollem tun. Dann sind die verschiedenen Meisenarten, die in einem Laubmischwald oder Auenwald in Mitteleuropa leben, zusammen mit ein paar weiteren Vogelarten, die zumindest zur Brutzeit ähnlich leben, Mitglieder einer Gruppe, die sich auf ähnliche Weise ernähren. Solche Gruppen nennt man Gilden und setzt unter Umständen erläuternd »ökologische« Gilden hinzu. Entscheidend ist dabei, daß die Angehörigen einer solchen Gilde dauerhaft oder über einen wesentlichen Zeitraum hinweg so leben, daß sie zueinander in Konkurrenz um lebenswichtige Ressourcen kommen oder kommen könnten. Bei Meisen, Goldhähnchen, Schwanzmeisen, Kleiber und einigen anderen Singvogelarten betrifft dies in der Brutzeit die Suche nach Kleininsekten. Wie stellen sie es an, miteinander auszukommen, ohne sich gegenseitig dauernd die Happen wegzuschnappen?

Die Ökologie benutzt dazu einen ganz wichtigen Begriff: die ökologische Nische. Die Arten, die in einem gemeinsam bewohnten Lebensraum, dem Biotop, sich von ähnlichen oder gleichen Ressourcen ernähren und damit eine Gilde oder »Ernährungsgemeinschaft« – die Biozönose – bilden, müssen, so die Kernthese der ökologischen Nischentheorie, hinreichend getrennte Plätze einnehmen. Beim Beispiel der

Meisen wären dies für die größte Art, die Kohlmeise, die dickeren Äste und Zweige sowie Stamm und Boden, für die kleinere Blaumeise die dünneren, äußeren Äste, während die Schwanzmeisen ganz außen herumturnen, wobei für sie die sehr langen Schwanzfedern sehr hilfreich sind. Die winzigen Goldhähnchen turnen im Gezweig der Nadelbäume und picken zwischen den Nadeln Kleinstinsekten, winzige Spinnen und Gelege davon heraus, während der Kleiber, kopfaufwärts oder kopfabwärts gerichtet, die Borke der Stämme und großen Äste nach Nahrung absucht. So hat jede Art ihren Platz, und ihre Nischen überschneiden sich wenig. Zusammen, als Gemeinschaft, können sie das ganze Spektrum des Angebotes ausnutzen, das in Form von Kleininsekten und Spinnen an den Bäumen vorhanden ist.

Allerdings haben es derartige Sekundärkonsumenten wie diese Kleinvögel leichter als ihre Beute, die Kleininsekten. Diese sind zumeist auf bestimmte Baumarten spezialisiert und können, wenn die Blätter der Eiche die Nahrung ihrer Raupen ist, nicht einfach auf Kiefern oder Pappeln umsteigen. Insekten, die sich direkt von Pflanzen ernähren, sind meistens enger an diese gebunden. Der Grund dafür liegt darin, daß die Pflanzen unterschiedlichste Inhaltsstoffe in ihren Blättern, Säften, Rinden oder im Holz haben, die als Schutzstoffe vor Befall mit Insekten wirken.

Nur einige wenige Arten überwinden durch besondere Fähigkeiten diesen chemischen Schutz und werden dadurch zu Spezialisten. Sie können mit bestimmten Stoffen in ihrem Verdauungssystem – Enzymen – die Giftstoffe ihrer Futterpflanzen unschädlich machen und diese vielleicht sogar als höchst wirkungsvolles Mittel bei der eigenen Verteidigung gegen Feinde einsetzen. Sie speichern diese Stoffe und werden dadurch selbst giftig, oder sie haben einen »schlechten Geschmack« davon erhalten, der für Vögel und andere Feinde abschreckend ist.

Eine weitere Möglichkeit besteht darin, daß die attraktiven Pflanzenteile durch eingelagerte Stoffe zu hart für die Kiefer von Raupen oder Käferlarven werden oder daß besondere Haare und Schuppenbildungen die Nutzer fernhalten, so wie die Brennhaare der Brennessel. Manche Pflanzen entwickeln sogar Schutzstoffe, die erst dann ihre Giftwirkung entfalten, wenn sie bei der Verdauung chemisch verändert werden; so gibt es komplexe Stoffe, die hochgiftige Blausäure (HCN) freisetzen. Man könnte sagen, daß zwischen Pflanzen und Insekten ein beständiger, seit vielen Jahrmillionen anhaltender Kleinkrieg stattfindet, eine Art von Wettrüsten. Vögel und andere Tiere, die von diesen Insekten leben, bekommen das auch zu spüren. Viele Pflanzen schützen insbesondere ihre eiweiß- und stärkereichen Samen mit harten Schalen oder Giften. Auch für diese attraktive Nahrung steht ein Spektrum von Arten bereit, wie etwa die Vögel, die von Körnern und Knospen leben, oder die Eichhörnchen, manche Mäuse und andere Kleinsäuger. Allein bei den Vögeln reicht das Spektrum von den massiven Schnäbeln der Kernbeißer bis zu den pfriemenförmig feinen der kleinen Finkenarten, wie etwa den Zeisigen. Und es umschließt auch solche Spezialisten, wie die Kreuzschnäbel, die sich einen speziellen Öffnungsmechanismus zugelegt haben. Sehr hartverpackte Samen, beispielsweise Haselnüsse, werden entweder mit scharfen Zähnen aufgeraspelt (Eichhörnchen, Siebenschläfer und Mäuse) oder mit einem sehr kräftigen Meißelschnabel, wie bei den Spechten, aufgeschlagen. Wildschweine knacken die Nüsse, wenn sie noch nicht sehr trocken sind, durch Zerquetschen mit den Backenzähnen. Wo immer man genauer hineinschaut, erweisen sich die Gilden oder Ernährungsgemeinschaften als fein strukturiert und vielfältig. Selten kann eine Art allein alles am besten. Die Vorstellung der ökologischen Nische paßt daher sehr gut ins Bild, das sich jeder aufmerksame Naturbeobachter selbst machen kann. Der Grund für diese Aufteilung liegt, wie schon angedeutet, in der Konkurrenz. Die verschiedenen Arten, die von den gleichen Ressourcen leben, müssen irgendwie miteinander zurechtkommen. Schaffen sie das nicht, wird die konkurrenzstärkere Art die schwächere mehr oder weniger schnell verdrängen. Lotka und Volterra, die beiden oben erwähnten Biomathematiker, haben das in Gleichungen gefaßt und Gause lieferte schlüssige Experimente dazu. Ihr Ergebnis ist das zentrale Dogma der Konkurrenz: Es können keine zwei verschiedenen Arten die gleiche ökologische Nische dauerhaft bewohnen. Kommen zwei oder mehrere, einander ähnliche und sich von ähnlichen Ressourcen ernährende Arten dennoch gemeinsam vor, so ist daraus zu folgern, daß sich ihre Nischen stark genug voneinander unterscheiden.

Der Ökologe Eugen P. Odum, der in den sechziger und siebziger Jahren weltbekannte Lehrbücher verfaßte, charakterisierte die Nische so: Sie ist der »Beruf«, den die Art ausübt, während das Biotop (in dem sie lebt) ihre Adresse ist. Auch diese Vorstellung läßt sich leicht nachvollziehen, und sie etablierte sich schnell – zu schnell, um Fehlinterpretationen auszuschließen. Denn die entscheidende Voraussetzung für die Experimente von Gause und die Berechnung von Lotka und Volterra war, daß die Kapazität der Umwelt tatsächlich durch die Konkurrenz ausgeschöpft wird und begrenzend wirkt. Das wird bei der Behandlung der Populationen und der in ihnen ablaufenden Regelungsprozesse wieder aufzugreifen sein. Vorerst mag genügen, daß diese Vorbedingungen eher selten erfüllt sind und kaum nachgeprüft werden, weil die Ergebnisse so offensichtlich sind.

Die allermeisten Arten unterscheiden sich ja voneinander, wenn sie im gleichen Lebensraum vorkommen, sonst könnten wir sie auch nicht gleich als verschiedene Arten erkennen. Man braucht aber kein Vogelkenner zu sein, um Kohl-,

Blau-, Schwanzmeisen oder Hauben- und Tannenmeisen voneinander zu unterscheiden, ganz abgesehen vom Kleiber oder den winzigen Goldhähnchen. Doch bei letzteren wird es tatsächlich schon schwieriger, weil Sommer- und Wintergoldhähnchen, die beiden in Mitteleuropa vorkommenden Arten, nicht immer auf den ersten Blick zu trennen sind. Größere Schwierigkeiten machen andere, kleine und graugrüne bis gelblichgrüne Vögelchen, die sich ähnlich wie die Goldhähnchen von Kleininsekten ernähren und das Blattwerk oder die Nadeln danach absuchen. Es sind dies die Laubsänger. Hier hilft dem Vogelkundler ihre Stimme weiter, zumal der Gesang sehr charakteristisch ist, aber ob sich die so ähnlichen Arten in der Wahl der Nahrung wirklich unterscheiden, das ist nicht mehr so offensichtlich zu erkennen.

Weitere Beispiele für derart ähnliche Arten gibt es zahlreich. Sie veranlaßten vor allem in den siebziger Jahren intensive Studien an der »Nischentrennung« der Arten, als der bedeutende und nachhaltig einflußreiche amerikanische Ökologe Robert MacArthur viele neue Forschungsimpulse gab und neue, quanitative Methoden in die ökologische Forschung einführte. Ein Schüler von Robert MacArthur, Martin Cody, machte sich ans Werk und versuchte zusammenzufassen, was bekannt war, um es durch eigene Untersuchungen zu ergänzen. Was er fand, paßte wiederum bestens zur Nischentheorie. Bei vielen Artengruppen, am besten ist das bei Säugern, Vögeln und Echsen zu sehen, unterscheiden sich die im selben Lebensraum zusammenlebenden und sich ähnlich ernährenden Arten in der Größe. Ist beispielsweise die Körperlänge ein gutes Maß für die Größe, dann beträgt der Abstand zur nächsten Art wenigstens das 1,3fache, beim Körpergewicht ist es das 2,2fache $(1,3^3)$. Mit dieser Größenregel entdeckte Cody auch eine Möglichkeit, sogenannte »freie Nischen« zu erkennen. Befindet sich zwischen zwei Arten, die sich zum Beispiel von Insekten oder

71

von Fischen ernähren, eine Größenlücke, die mit dem 1,3-fachen der kleineren Art gefüllt werden könnte, ohne daß es damit zu einer stärkeren Überschneidung mit der größeren kommt, wäre eine solche »freie Nische« gegeben. Als Maß kann die Schnabelgröße genauso dienen wie bei Greifvögeln die Stärke der Krallen und Fänge oder bei Nagetieren die Körpermasse.

Ein gutes überzeugendes Beispiel hierfür lieferte die Einführung der Bisamratte nach Mitteleuropa, wo diese in Nordamerika beheimatete Nagerart nicht vorkam. Aber wie in ihrer Heimat lebt hier eine erheblich kleinere Art, die Schermaus (in ihrer Sonderform »Wasserratte«) und der viel größere Biber, der in der Heimat der Bisamratte mit dem Kanadabiber sein in jeder Hinsicht entsprechendes Gegenstück hat. Doch die mittlere Position der Bisamratte war in Europa »frei« – und sie wurde in vergleichsweise kurzer Zeit, der Neuankömmling brauchte vom Anfang des Jahrhunderts kaum fünfzig Jahre, um seinen neuen Lebensraum zu erobern, allen Nachstellungen zum Trotz, heimisch. Die Bisamratte »paßte« in den Freiraum zwischen Schermaus und Biber und lebt und ernährt sich in der neuen Heimat in Europa geradeso wie in der alten in Nordamerika.

War die Entdeckung dieses Prinzips der »freien Nischen« womöglich auch der Schlüssel zum Verständnis dafür, daß sich so viele Tier- und Pflanzenarten so schnell auf die vom Menschen geschaffenen Lebensbedingungen eingestellt haben und zu sogenannten Kulturfolgern geworden sind? Wenn das so ist, dann sollten reichgefüllte, also artenreiche Lebensgemeinschaften es Eindringlingen schwerer machen, sich zu etablieren, als artenarme. Auch das scheint im großen und ganzen zuzutreffen. Die große Mehrzahl der gebietsfremden Arten von Tieren und Pflanzen fanden ihre neuen Lebensmöglichkeiten in der Welt der Menschen und nicht in den von Natur aus so außerordentlich artenreichen Lebens-

räumen wie den tropischen Regenwäldern oder – in Mitteleuropa – den naturnahen Flußauen oder den wenigen Resten
von (Beinahe-) Urwäldern. Städte und Dörfer, das Kulturland, sind dagegen voll von Arten, die mit dem Menschen
oder durch sein Zutun gekommen sind. Besonders leicht zu
erobern waren anscheinend auch die Flüsse und Seen, weil sie
– wiederum vom Menschen verursacht – zahlreiche freie
Nischen aufzuweisen hatten. Je länger aber die Konkurrenz
andauert, desto mehr Arten fallen ihr anheim und
verschwinden. Im Endeffekt setzen sich auch in den neuen
oder veränderten Lebensräumen viel weniger Arten durch,
als anfänglich den Wettstreit ausprobierten. Die Ökologie
spricht dann von der Sättigung der Biozönosen, andernfalls
aber von »Artenfehlbeträgen«.

Für den Naturschutz sind diese Entdeckungen natürlich
sehr wichtig – und eine Herausforderung, denn sie zeigen,
daß es in der Natur recht dynamisch zugeht. Die Artenspek-
tren, die sich einen Lebensraum aufteilen, sind und bleiben
nämlich keineswegs stabil. In Abhängigkeit von den
Unwägbarkeiten der Witterung und anderen Außeneinflüssen schwankt das Angebot an Ressourcen. Das beginnt bei
der pflanzlichen Produktion, die niemals und nirgends von
Saison zu Saison wirklich konstant bleibt, und pflanzt sich
fort über die verschiedenen Pflanzenarten, welche die Pro-
duktionsgemeinschaft bilden. Entwickelt sich eine Art stärker, geht das auf Kosten anderer, und damit verändern sich
auch die Häufigkeiten der davon lebenden Tierarten. Die
Nischen, selbst wenn sie gut abgegrenzt sein sollten, ändern
sich mit den Rahmenbedingungen, und die diese Nischen
nutzenden Arten können daher nicht einfach in gleichblei-
bender Häufigkeit vorkommen. Würden Produktionsbedingungen und Nutzungsmöglichkeiten tatsächlich über länge-
re Zeiträume gleichartig ausfallen, müßten sich – das pro-
gnostiziert die »Nischentheorie« – die konkurrenzstärkeren

Arten auf Kosten der Schwächeren ausbreiten. Die Vielfalt nimmt dann ab, obwohl sich eigentlich nichts geändert hat. Manches geschützte Gebiet durchlief und durchläuft diesen Prozeß, und die Entwicklungen weisen nachdrücklichst darauf hin, daß Störungen von Natur aus nicht automatisch schädlich oder nachteilig sein müssen.

Gegenwärtig mehren sich Befunde, denen zufolge der schier unfaßliche Artenreichtum der Tropenwälder in starkem Maße auch von einer Vielzahl kleinerer und größerer Störungen bedingt ist, die verhindern, daß sich »Gleichgewichtsverhältnisse« mit stark verminderten Artenzahlen einstellen. Diese Befunde leiten zu einem höchst umstrittenen Aspekt über: der Frage nach der Stabilität von Artengemeinschaften (Biozönosen) und Ökosystemen. Braucht die Natur die Vielfalt etwa, um stabile Systeme aufbauen zu können? Warum kommt sie nicht mit viel weniger Arten zurecht; ähnlich wie der Mensch, der in dem von ihm aufgebauten und gesteuerten System zumeist gerade nicht die Vielfalt möchte, sondern die klare, einfache Überschaubarkeit mit vorhersagbaren Ergebnissen an Produktion von Stoffen oder Freisetzung von Leistungen. Ganz zu Recht wird ihm nachgesagt, er möchte die Natur in Korsetts zwängen, um sie »in der richtigen Weise« für sich arbeiten zu lassen. Oft genug scheiterten diese Versuche, weil die Natur in die andere Richtung tendiert: zu Vielfalt und Chaos! Aber Ökosysteme sollten stabil sein, meinen wir, und die Naturnutzer werden mit entsprechenden Forderungen mitunter unliebsam konfrontiert.

Stabilität und Gleichgewicht der Natur

Stabilität durch Vielfalt! Auf diese Kurzformel läßt sich verdichten, was von Ökologen und Naturschützern angenommen und vielfach auch vertreten worden ist. Aber leider liegen die Verhältnisse nicht so einfach. Das beginnt damit, daß sich die vielen kleinen Arten von wirbellosen Tieren keineswegs so einfach »auf die Reihe« bringen lassen, wie die Gilden von Vögeln oder Säugetieren. Letztere integrieren die Umweltbedingungen dank ihrer geregelt hohen Körperinnentemperatur, die sie weitaus weniger abhängig von den Außenbedingungen macht als die übrigen Tiere, insbesondere die Wirbellosen. Sie sind daher auch viel weniger spezialisiert. Ihre Nahrungsbasis ist breit, die der wirbellosen Spezialisten oft sehr schmal. Was für Vögel und Säuger zutrifft, muß daher nicht automatisch auch für alle anderen Tiere gelten. Martin Cody hat nicht nur die Ähnlichkeitsgrenze für das dauerhafte Zusammenleben ähnlicher Arten im selben Lebensraum gefunden, sondern auch klargestellt, daß es andere Möglichkeiten der »Nischentrennung« gibt.

Die wichtigste ist das »Sich-aus-dem-Weg-Gehen« der Arten, die von den gleichen Lebensgrundlagen abhängen. Sie kommen niemals gemeinsam vor. Die Trennung kann dabei geographischer Natur sein: Die eine Art lebt hier, die entsprechende anderswo, wie beispielsweise der eurasische und der kanadische Biber oder der europäische Nerz und der amerikanische Mink. Beide Arten gehören jeweils zur gleichen Gattung und sind sich in der Lebensweise sehr ähnlich. Bei Säugern und Vögeln bedarf es für die räumliche Trennung zumeist größerer bis großer Areale, bei Kleintieren reichen oft schon wenige Quadratkilometer – etwa bei Schnecken, die an Felsen im Mittelmeerraum leben, oder auf Inseln, auf denen dann jeweils eine eigene Art aus derselben

Gattung vorkommt. Die zweite Möglichkeit der Nischentrennung liegt in der unterschiedlichen Nutzung der Strukturen im gemeinsamen Lebensraum. So kann eine Art in den
Baumkronen vorkommen, eine andere dagegen die bodenna-
hen Vegetationsschichten nutzen. In den Tropen kann diese
Fein-Einnischung ganz extrem ausfallen. Bestimmte Positionen auf großen Blättern oder Abfolgen der Altersstadien
davon reichen manchen Insekten dort aus, um »ihre Nische«
zu finden.

Schließlich ist es die Art der Nahrung, die eine Nischentrennung ermöglicht. Bei von Pflanzenstoffen lebenden
Arten findet sich diese Form der Trennung sehr ausgeprägt,
so werden wir den auffälligen, glänzendblauen Erlenblattkä-
fer in Mitteleuropa nur an Erlen antreffen, während ein Ver-
wandter, der Pappelblattkäfer, an Pappeln lebt. Beide zusammen können, wenn wir einen aus Erlen und Pappeln gemischten Baumbestand vorfinden, »zusammen«leben, aber
dennoch vollständig getrennt bleiben.

Diese Einnischung gibt es in noch viel feinerer Form. So
leben in Mitteleuropa mehrere Arten von Gespinstmotten,
die einander sehr ähneln und nur mit speziellen Kenntnissen
unterschieden werden können. Aber einige davon, wie die an
der Traubenkirsche lebende Art oder die an (Silber-)Weiden
vorkommende, sind streng spezifisch und nur auf diesen
Baumarten zu finden. Die anderen sind etwas »großzügiger«
und nehmen mehrere Baum- oder Straucharten als »Futterpflanzen« für die Raupen an. Diese, im Fall der Trauben-
kirschen-Gespinstmotte, spinnen sehr dichte seidig-glänzen-
de Geflechte, die den ganzen Baum einhüllen können. Aber
es ist auch bei Kahlfraß an den Traubenkirschen überhaupt
keine Gefahr gegeben, daß der Massenbefall auf andere
Baumarten übergreift. Die Gespinstmotten-Vorkommen befinden sich wie Inseln im Auenwald und haben keine Beziehungen zu den anderen Pflanzenarten.

Weitere Formen der »Einnischung« funktionieren über die Zeit. So kommen manche Arten nur zu bestimmten Jahreszeiten in einen Lebensraum und nutzen die vorhandenen Ressourcen. Das gilt insbesondere für Zugvögel und andere wandernde Arten. Ihre »Nischen« können weltweite Ausmaße dabei annehmen; etwa wenn eine Zugvogelart in der arktischen Tundra brütet, auf dem Zug für Wochen Lebensräume in den temperierten Breiten nutzt und dann in den Tropen überwintert. Aber auch im Jahreslauf an Ort und Stelle können sich die Arten chronologisch einnischen. Schöne Beispiele hierfür liefern die heimischen Schmetterlinge, insbesondere solche Arten wie die Gruppe der Frostspanner, bei denen es Herbstarten und Frühjahrsarten gibt. Der eigentliche Winter trennt sie und ihr jahreszeitliches Vorkommen. Diese und weitere Befunde zwangen die Ökologen, von der einfachen Vorstellung, daß jede Art ihren »Platz im Haushalt der Natur« hätte, abzurücken. Die »ökologische Nische« wurde als komplexes Nutzungsmuster definiert.

Der einflußreiche amerikanische Gewässerökologe (Limnologe) G. Evelyn Hutchinson zog sich und die Ökologie aus der Affäre, indem er die ökologische Nische als »multidimensionales Gebilde« definierte, in welchem die Arten sich mindestens in einer (wesentlichen) Nischendimension hinreichend unterscheiden müßten. Was hinreichend ist, entspricht wiederum den Ergebnissen von Martin Cody. Eine solche Sicht ist weder praktikabel noch für Vorhersagen geeignet, wie sich das System verhalten wird, wenn es durch äußere Einflüsse verändert wird. Denn wenn schon jede einzelne Art durch (sehr) viele »Nutzungsdimensionen« gekennzeichnet ist, um wieviel komplexer und damit komplizierter müßte sich dann das Zusammenleben vieler Arten gestalten? Genau das scheint aber der Fall zu sein, denn weder ließ sich eine einfache Beziehung zwischen der Artenmannigfaltigkeit (Vielfalt/Diversität) und der Stabilität des betreffenden Systems finden, noch Veränderungen – auch nicht unter experimentellen Bedingungen – voraussagen. Schon einige wenige Arten in der Gemeinschaft reichen offenbar aus, um ihr Zusammenwirken im System zu komplex zu gestalten, als daß verläßliche Prognosen noch möglich wären.

Es fehlt dem Ökosystem eben die »zentrale Funktionssteuerung«, wie sie in den Lebewesen selbst vorhanden ist. Daher kann auch das Bild vom »Gleichgewicht der Arten« in der Darstellung eines Mobiles nicht als Abbild der Wirklichkeit gelten, denn es ist niemand da, der das Mobile hält! Es würde zwangsläufig einfach in sich zusammenfallen. Greift hingegen der Mensch steuernd ein, stellen sich tatsächlich verläßliche Zustände ein, die »gewünscht« sind. Die Natur selbst neigt offenbar mehr zum Chaos. Damit ist nicht ein heilloses Durcheinander gemeint, sondern eine nicht vorhersagbare Weiterentwicklung. Was uns vielfach aber als »Stabilität« dünkt, weil wir nahezu unverändert dieselben Verhältnisse wiederfinden, die wir schon von diesem Ort kennen, hat ganz andere Hintergründe – und zwar recht einfache: Es ist der Mangel, der »Stabilität« erzwingt. Wo wesentliche Grundvoraussetzungen für die Entfaltung der Lebensprozesse knapp bemessen sind, kann sich ganz einfach nicht viel verändern. Deshalb sind solche Lebensräume nur scheinbar stabiler als andere, die beispielsweise wegen Nährstoff- oder Wassermangels nur ein niedriges Produktionsniveau erreichen oder bei denen die Kosten für den Betrieb so hoch liegen, daß so gut wie kein Überschuß mehr dabei herauskommt.

Ersteres zeigen uns Biotope wie Mager- und Trockenrasen oder sehr an Bodennährstoffen verarmte Heidelandschaften. Das eindrucksvollste Beispiel für Systeme, die keinen nennenswerten Überschuß mehr produzieren, sind die tropischen Regenwälder. In beiden Fällen ist die Artenvielfalt hoch, der Artenwechsel im Detail zwar groß, aber insgesamt bleibt die Mannigfaltigkeit erhalten. Im krassen Gegensatz dazu ändern sich die Verhältnisse in den sehr nährstoffreichen, hohe Überschüsse produzierenden Lebensräumen entsprechend stark – und sie sind daher auch höchst anfällig für (ungebetene) weitere Nutzer. Die Landwirtschaft hat mit diesem Kernproblem zu kämpfen, daß sie mit ihrer Methode Überschüsse erzeugt, auf die sich, ohne entsprechende Gegenwehr, andere Nutzer stürzen würden. Sich selbst überlassen würden sich in solchen Biotopen schnell sehr starke Veränderungen vollziehen, und wir würden das System dieser Art als instabil empfinden.

Wie wichtig dabei die Betrachtung des Ökosystems ist, führt gerade der tropische Regenwald vor Augen. Die Regenwälder gelten als die bedeutendsten Produzenten von Sauerstoff, weil sie 42 Prozent der jährlichen Sauerstoffproduktion der Landoberfläche der Erde leisten. Das Kulturland liefert im Vergleich dazu nur neun Prozent – gerade soviel wie die riesigen borealen Nadelwälder (Taiga). Doch dieser von den Tropenwäldern freigesetzte Sauerstoff wird von ihnen über Abbauprozesse auch wieder verbraucht. In der Netto-Bilanz bleibt nichts davon übrig, wenn sich der Wald »im Gleichgewicht« befindet, also nicht mehr weiterwächst und an Biomasse zunimmt.

Dann entspricht die Rückreaktion zur Photosynthesegleichung, die Atmung, mengenmäßig genau der Produktion. Zuwachs ist keiner mehr vorhanden und Sauerstoff wird somit auch nicht mehr »geliefert«. Die Gleichung zeigt dies ganz klar:

$$6\,CO_2 + 6\,H_2O \xrightleftharpoons[\text{Atmung}]{\text{Photosynthese}} C_6H_{12}O_6 + 6\,O_2$$

Gleichgewichte dieser Art gibt es vielfach im Naturhaushalt. Sie sind wichtig, in der Großbilanz sogar unentbehrlich, weil Sauerstoff den Kreis von Freisetzung und Verbrauch durch Atmung durchlaufen muß. Bestimmend hierbei ist in der Gegenwart aber die geringe Menge an Kohlendioxid in der Luft und der Mangel an produktiven Flächen für das Pflanzenwachstum, weil es vielerorts auf der Erde entweder zu trocken (Wüsten) oder zu heiß/kalt für das Pflanzenwachstum ist. Es gibt zudem mehrere ineinandergreifende Kreisläufe, etwa die des Stickstoffs und des Wassers. Sie alle hängen global miteinander zusammen, angetrieben durch physikalische Kräfte. Beim Wasserkreislauf ist das die Verdunstung und die durch die Erddrehung verursachte Verfrachtung des Wasserdampfes von den Entstehungsorten in andere, temperaturmäßig unterschiedliche Gebiete. Beim Stickstoffkreislauf sind insbesondere Bakterien und Blaugrünalgen beteiligt, aber auch physikalische Kräfte wie Blitzschläge, die Luftstickstoff verbrennen. Die Neigung der Erdachse verursacht die scheinbare Sonnenwanderung und führt zur Ausbildung von Winter und Sommer in den außertropischen Regionen. Innerhalb der Tropen, zwischen den Wendekreisen, pendelt entsprechend der Wechsel zwischen Regen- und Trockenzeit.

Durch die streng physikalische Regelhaftigkeit dieses Vorgangs und durch die langen Verzögerungen, die in den Kreisläufen von Wasser, Kohlenstoff (Kohlendioxid/Biomasse), Stickstoff und anderen gegeben sind, erscheinen uns die Verhältnisse auf der Erde ziemlich stabil. Das liegt jedoch an unserem Zeithorizont, der sich nach Jahren bemißt und in der eigenen Erfahrung nur einige Jahrzehnte überstreicht. Für die Abläufe im Naturhaushalt sind das unbedeutend kurze Augenblicke im Zeitfluß.

Dynamik kennzeichnet die Natur und Veränderung ist ihr Leben, die Statik, die Vorhersagbarkeit wollen wir Menschen haben. Wir sind es, die das Morgen möglichst gleich (oder besser) wie das Heute haben möchten. Die Natur ist blind für diese unsere Wünsche. Die Vorstellung vom Gleichgewicht in der Natur ist daher nicht viel mehr als ein Wunschbild, das mit der Wirklichkeit nicht sehr viel Übereinstimmung aufweist. Eine kleine Übung dazu ist vielleicht ganz aufschlußreich. Würden wir die Abfolge von mikroskopisch kleinen Algen und Kleinsttierchen in einer größeren Wasserpfütze den Sommer über bis zu ihrem Verschwinden verfolgen, würde sich ein ungeheuer rascher Wechsel von Arten zeigen. Auf die durchschnittliche Lebensdauer einer Planktonalge bezogen, wäre dieser rasche Wechsel, diese Dynamik, nichts wesentlich anderes als die Abfolge der Baumarten, welche die Wälder nacheiszeitlich in Mitteleuropa bildeten. Auf die natürliche Lebensdauer einer Eiche, einer Buche oder einer Linde bezogen, brachten die letzten zehntausend Jahre, in denen sich nacheiszeitlich die Wälder ausbreiteten, auch nicht mehr oder weniger Wechsel als im Laufe des Sommers bei den Planktonalgen in der Pfütze. Ihr Lebenstempo ist nur anders!

Stabilität beziehen wir automatisch auf unsere eigene Zeitvorstellung. Da sind langsame Wachstumsprozesse, wie die von Eichen oder Mammutbäumen, Korallenriffen oder Hochmooren selbstverständlich in der Kategorie der »Stabilität«, während kurzlebige Arten, wie Insekten oder gar Bakterien, die uns heimsuchen, wie ein Aufflackern, höchst instabil empfunden werden. Ein einheitliches Maß wäre die durchschnittliche Lebensdauer der Organismen. Würden wir die Veränderungen hierauf beziehen, wären alle einander so ähnlich, daß alle Aussagekraft verlorenginge. Deshalb bleibt keine andere Möglichkeit, als das »Gleichgewicht in der Natur« als das hinzunehmen, was es tatsächlich ist: ein höchst veränderliches Fließgleichgewicht, das sich genaugenommen »fern vom Gleichgewicht« befindet. Denn es wird getragen von den Lebewesen, und diese können nur fern von Gleichgewicht leben. Wenn sie es erreichen, sind sie zu toter Materie geworden und dem Zerfall preisgegeben.

Für die Handhabung der Vorstellung vom Gleichgewicht in der Natur müssen wir zusätzliche Kriterien hinnehmen, die besagen, was wir wollen und was wir brauchen. Und darin unterscheiden sie sich dann auch vom Lauf der Natur! Deshalb mag für manche das Urteil über die Ökosysteme, die »nicht geschädigt werden können« und nicht »zusammenbrechen«, sondern nur in andere Zustände übergehen, ungerechtfertigt, ja höchst unpassend erscheinen. Ein solches Urteil ist dann richtig, wenn mit einem bestimmten Zustand bestimmte Erwartungen oder Anforderungen erfüllt sein sollen. So ist selbstverständlich die Einleitung von Abwasser in einen sauberen, als Trinkwasserquelle genutzten See eine »Belastung« und im Hinblick auf das Trinkwasser nicht zu akzeptieren. Hier müssen wir für unsere eigenen Bedürfnisse Standards festsetzen. Viele Lebewesen, die von den Inhaltsstoffen des Abwassers leben, würden das ganz anders sehen, für sie bedeutet reines Trinkwasser soviel wie für uns die wasserlose Wüste, in der wir verdursten oder verhungern. Die Ansprüche der verschiedenen Lebewesen sind eben verschieden. Was für uns Menschen gut und richtig ist, kann für andere Lebewesen eine Katastrophe bedeuten – und umgekehrt.

Das ökologische System wertet hierbei nicht, sondern die Beteiligten stellen sich auf die sich ändernden Bedingungen ein. Zum Teil sind es Anpassungen, die die einzelnen Arten mitbringen und an denen ihre Existenz hängt. So können feinschnäbelige Grasmücken anders als viele Finkenvögel keine harten Körner als Nahrung verwerten, auch wenn wir noch soviel davon in der Winterfütterung anbieten. Sie müssen in Regionen abwandern, wo es Insekten oder die ihnen artgemäße Nahrung gibt. Oder bestimmte Fischarten brauchen sehr sauerstoffreiches Wasser, während andere mit weniger auskommen können.

Anpassungen sind jedoch nicht nur nach außen gerichtet, wo sie leicht auffallen, sondern oftmals noch bedeutungsvoller im Inneren der Organismen. Pflanzenverwerter, wie die im Winterhalbjahr von Baumrinde lebenden Biber, könnten mit den meisten Inhaltsstoffen der Rinde gar nichts anfangen, hätten sie in ihren großen langen Blinddärmen nicht besondere Bakterien, die für sie die Rinde verdauen. Auch die Kühe leben nicht direkt vom Gras der Weide, sondern von den Mikroorganismen in ihren komplizierten Mägen, die für sie die Verdauungsarbeit leisten. Viele Pflanzenverwerter ernähren sich genaugenommen von Eiweiß und anderen Produkten der Bakterien und anderer, bei der Verdauung beteiligter Mikroben und nicht von den Pflanzenstoffen. Deswegen konnte die Rindermast auch auf so ganz andersartige Nahrungsstoffe wie Harnstoff oder Fleischmehl und anderes »Kraftfutter« umstellen, weil Kühe und Bullen gar nicht direkt vom Gras leben.

Die Leistungen der Verdauung, vor allem die chemischen Leistungen, sind in der Regel bedeutungsvoller als das, was die betreffenden Arten als Nahrung unmittelbar nutzen. Denn praktisch allen Tieren ist gemeinsam, was auch für den Menschen gilt: Sie brauchen Eiweißstoffe für den Auf- und Umbau in ihren Körpern sowie Fette und/oder Kohlenhydrate für den Betrieb, für die Energieversorgung. In dieser unterscheiden sich die Pflanzen grundsätzlich, weil sie selbständig Energie »einfangen« können. Nur einen geringen Teil davon verbrauchen sie; Abbau und Nutzung des großen Restes besorgen andere. Kommt dies nicht zustande, häuft sich der Überschuß an. Das passierte mehrfach während der Erdgeschichte, insbesondere in den Zeiten, in denen sich Steinkohle und Erdöl bildeten, aber auch später, als die Braunkohlelager entstanden.

Aus zahlreichen weiteren Befunden zur Erdgeschichte geht unzweifelhaft hervor, daß Ungleichgewichte der Normalfall, Phasen der Stabilität hingegen die Ausnahme gewesen sind. Aber aus den Ungleichgewichten, aus dem Spannungsfeld zwischen Überschuß und Mangel, schöpfte die Evolution ihre Möglichkeiten. Das trifft letztlich auch, wenn wir genauer hinsehen, für die Geschichte der Menschheit zu. In der geschriebenen wie auch in der überlieferten oder durch Indizien gut genug erschließbaren Geschichte mangelte es an Phasen von Gleichgewicht und Stabilität. Veränderungen dagegen kamen rasch, oftmals unerwartet und unvorhersehbar. Die speziell in Teilen Europas und einigen anderen Regionen der Erde so »stabilen« Jahrzehnte der zweiten Hälfte des 20. Jahrhunderts gehören zu den Ausnahmen. So sind weder wir selbst ein Vorbild für Stabilität und Gleichgewicht, noch können wir aus der Natur solche Vorbilder ableiten. Es wird der Menschheit gar nichts anderes übrigbleiben, als mit der Veränderung zu leben. Vielleicht brauchen wir mehr den Blick auf die Dynamik und eine ihr einigermaßen gerecht werdende Einstellung dazu, als ein zähes Starren auf Gleichgewichte, die es so gar nicht gibt.

Die Populationen

Die Populationsgemeinschaften, die Biozönosen, und damit auch die Ökosysteme, in denen sie leben, sind also nicht so stabil, wie man häufig meint oder es gerne möchte. Die Schwankungen sind ausgeprägt, die innere Dynamik ist groß. Das liegt nicht allein an den Veränderungen, die von außen kommen und wirken, sondern an den in der Gemeinschaft Beteiligten selbst. Jede Art, ob groß oder klein, Pflanze, Tier oder Mikrobe, unterliegt einer Eigendynamik – naturgemäß und ständig! Dynamik ist die unweigerliche Folge der Vermehrung und damit des Lebens selbst. Wer sich nicht fortpflanzt, wird irgendwann und auf jeden Fall sterben und verschwinden. Damit ist letztlich auch die Nicht-Vermehrung mit einer Änderung verbunden. Zunahme und Abnahme gehören zu den Grundgegebenheiten lebender Organismen. Was dabei vor sich geht, fällt in den Teilbereich der Ökologie, der Populationsökologie, seltener auch Demökologie, genannt wird. Ihr Grundkennzeichen ist die »Nicht-Linearität«. Veränderungen von Populationen beruhen statt dessen auf exponentiellen Zu- oder Abnahmen, das heißt die Veränderung vollzieht sich nicht in dieser Weise 1, 2, 3, 4 ... sondern 2, 4, 8, 16 ... Das ist natürlich nur ein Beispiel für exponentielles Wachstum, denn die Zuwachsraten können auch sehr viel geringer oder heftiger ausfallen. Das Anwachsen (oder die Abnahme) vollzieht sich in »Raten«, die wie Zins und Zinseszins wirken. Bekanntlich wächst verzinstes Kapital, genügend Zeit vorausgesetzt, auch bei kleinen Ausgangsmengen zu großen Beträgen heran. Die Zeit spielt daher eine wichtige Rolle.

Bei den Lebewesen zählt die (durchschnittliche) Zeitspanne zwischen zwei Fortpflanzungsereignissen. Je kürzer die Intervalle sind, desto schneller wächst der Bestand, und je länger es dauert, bis sich etwa sehr große Tiere wie Wale oder Elefanten wieder fortpflanzen oder bis der Nachwuchs paarungsfähig geworden ist, um so schneller können die Bestände bei (zu) starker Nutzung durch den Menschen abnehmen. Die Kurve in der Abbildung trifft also immer zu. Was sich am konkreten Verlauf der Zu- oder Abnahme ändert, ist die Skala der Zeitachse oder, anders ausgedrückt, die Veränderungsrate in der Zeiteinheit, pro Jahr zum Beispiel. Woraus setzt sich diese Veränderungsrate zusammen? Zwei Größen müssen auf jeden Fall beteiligt sein, die Anzahl der Nachkommen, die in der Zeiteinheit produziert werden, und

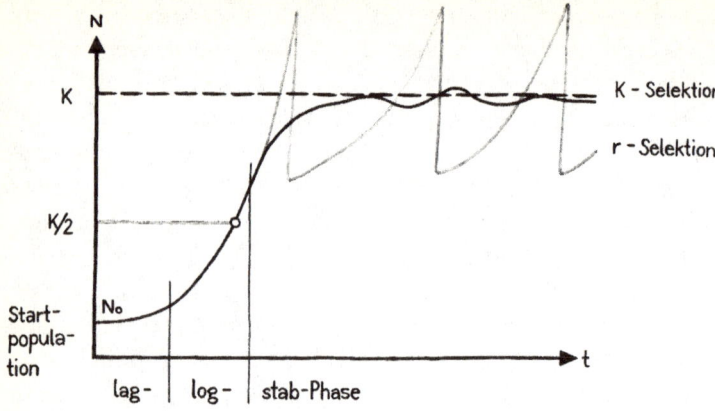

Populationsdynamik: N = Bestandsgröße; K = Umweltkapazität; t = Zeit

die Anzahl der Todesfälle, die in derselben Zeit auftreten. Bliebe der Bestand eingeschlossen in einen fest umrissenen Bereich, würde in der Tat das Wechselspiel zwischen »Geburten« und »Todesfällen« allein die Veränderungen verursachen. Auf abgelegenen Inseln ist das so – und auch im Experiment, das in einem Aquarium oder in einem anderen Gefäß durchgeführt wird.

An Bakterienkolonien läßt sich im Labor tatsächlich sehr schön zeigen, wie exponentielles Wachstum verläuft – und an die Grenzen stößt! In der Natur werden diese Grenzen von der Kapazität der Umwelt gesetzt, in der die betreffende Art lebt und sich vermehrt. Sie gibt gleichsam die Menge der Plätze vor, die von Vertretern der jeweiligen Art(en) eingenommen werden können. Die einfache mathematische Gleichung für dieses exponentielle Wachstum, wie sie der Abbildung zu entnehmen ist, ermöglicht die Berechnung, wie lange es dauern wird, bis die Population die Kapazitätsgrenze erreicht. Was dann geschieht, ist ein wichtiger

Aspekt der Biologie von Populationen: Zerstört sich die Population selbst, weil sie alle Lebensgrundlagen durch ungezügeltes Wachstum verbraucht hat, oder schafft sie es irgendwie, mit den Möglichkeiten zurechtzukommen und sich auf das Angebot der Umwelt einzustellen? Offenbar ist diese Frage nicht nur von theoretischem Interesse, denn unser eigenes Populationswachstum weltweit, das fast exakt der mathematischen Idealkurve einer exponentiellen Zunahme folgt, ist das größte Problem der Menschheit. Wie sie mit der »Bevölkerungsexplosion« zurechtkommt, davon wird abhängen, ob Menschen in der Zukunft ein menschenwürdiges Leben führen können oder in größter Armut dahinvegetieren oder gar über die Folgen der Bevölkerungsexplosion die eigenen Lebensgrundlagen vernichten und sich auslöschen.

Die Natur hat zu dieser brennendsten aller Zukunftsfragen eine Reihe von Lösungen parat, die sich näher anzusehen lohnt. Zunächst ein in gewissem Sinn erfreulicher Befund: Ungebremstes Populationswachstum bis zur Selbstzerstörung ist in der Natur sehr selten zu finden und zumeist auf »niedere« Organismen wie Bakterien beschränkt. Auf die eine oder andere Weise versuchen die allermeisten Lebewesen, den zwangsläufigen Zusammenbruch der Population durch Ausschöpfen oder Überschreiten der Umweltkapazität zu vermeiden. Zwei unterschiedliche Strategien sind zuvorderst anzutreffen. Die eine hängt mit einer starken, rechtzeitig wirkenden inneren Regelung des Populationswachstums zusammen, die andere bedient sich der fast immer gegebenen Möglichkeit, zeitweise auszuweichen. Denn kaum jemals entwickelt sich in der Natur eine Population in einem geschlossenen Raum mit gleichartigen Lebensgrundlagen, nicht einmal das Meer bietet als größter und zusammenhängender Lebensraum weltweit gleichartige Bedingungen. Die Suche nach neuen Lebensmöglichkeiten, bevor es an Ort und Stelle zu eng wird, ist daher eine häufig genutzte und durchaus brauchbare Option. Umgekehrt können aber häufig auch von anderen Populationen Angehörige einer Art überwechseln.

Wichtig ist nun, daß der Bestand unverändert bleibt, was man auch als Gleichgewichtszustand bezeichnen könnte, wenn die Bilanz zwischen Nachwuchs- und Zuwanderungsrate einerseits und Sterbe- und Abwanderungsrate andererseits Null wird. Nun gibt es einen derartigen Verlauf natürlich nur unter Idealbedingungen. In der Natur ändert sich die Umweltkapazität für jede Art mit der Zeit mehr oder weniger stark. Die Ursachen dafür können vielfältiger Natur sein, so wird die Menge der nutzbaren Nahrung beispielsweise durch Konkurrenten eingeschränkt, die ihrerseits in den Beständen Schwankungen unterworfen sind, oder die Nahrung wird durch ungünstige Witterungsverhältnisse geschmälert beziehungsweise durch günstige verbessert. Die Populationen müssen sich in aller Regel nach schwankenden Umweltkapazitäten ausrichten. Entsprechend schwanken die Bestände auch dann, wenn die geschilderte Regelung perfekt verlaufen würde. Doch Perfektion gibt es in der Natur nicht. Ist plötzlich mehr Nahrung oder Raum zum Siedeln da, braucht es Zeit, bis Vermehrung und Zuwanderung die freien Möglichkeiten aufgefüllt haben. Mittlerweile kann die Konkurrenz erstarkt oder das günstige Angebot schon wieder ausgegangen sein. Ein Hin und Her ist nicht zu vermeiden, und die Schwankungen werden nicht etwa größer, wenn die Populationen mit starken Verzögerungen reagieren, sondern je schneller sie sich am Angebot orientieren.

Wer in der Natur auf rasches Wachstum setzt, hat Vorteile, wer auf Beständigkeit setzt, auch. Und beide haben sie Nachteile in Kauf zu nehmen. Die Idealstrategie gibt es nicht, auch wenn die große Mehrzahl der Organismen einer eher »gemischten Strategie« zwischen betont schneller Vermehrung und effizienter Ausbeute der Ressourcen einerseits

Populationsentwicklung

Auf den Bereich einer Population bezogen wären jene, die den Bestand verlassen, Abwanderer (Emigranten), diese, die hinzukommen, Zuwanderer (Immigranten). In einer freien Population kommen daher zur Rate der Erzeugung von Nachkommen (Geburtenrate, b) und von Todesfällen (Mortalität, m) auch die Raten der Immigration (I) und Emigration (E) hinzu. Die tatsächliche Bestandsveränderung in einem bestimmten Zeitabschnitt ergibt sich aus der Bilanz: b – m + I – E. Diese Bilanz ist die *Wachstumsrate* (r) des Bestandes. Im erstgenannten Fall einer abgeschlossenen oder eingeschlossenen Population, bei der weder die Zu- noch die Abwanderung auftreten können, wäre r = b – m, und alle Regelung muß über den Ausgleich von Nachwuchs und Sterbefällen erfolgen. Im zweiten, ungleich häufigeren Fall kommen eben Zu- und Abwanderung noch hinzu, so daß beispielsweise ein zu starkes Anwachsen der Population sowohl durch verstärkte Abwanderung als auch durch einen Anstieg der Sterberate – oder einer Kombination beider Größen – verhindert werden kann. Das gleiche gilt auch bei dem Zuwachs; er kann aus der eigenen Nachwuchsproduktion genährt werden oder aus der Zuwanderung. Kommen beide zusammen, steigt die Zuwachsrate am stärksten an und wird, wie das bei der Entwicklung mancher Großstädte beim Menschen gezeigt hat, sogar *über-exponentiell.*

(diese Arten werden »r-Typen« genannt, weil bei ihnen in der Populationsdynamik die Wachstumsrate r weniger von der bremsenden Wirkung der (langfristigen) Umweltkapazität beeinflußt wird, als bei ihrem Gegenstück, den »K-Typen«, die sich langsamer und vorsichtiger auf das langfristig durch-

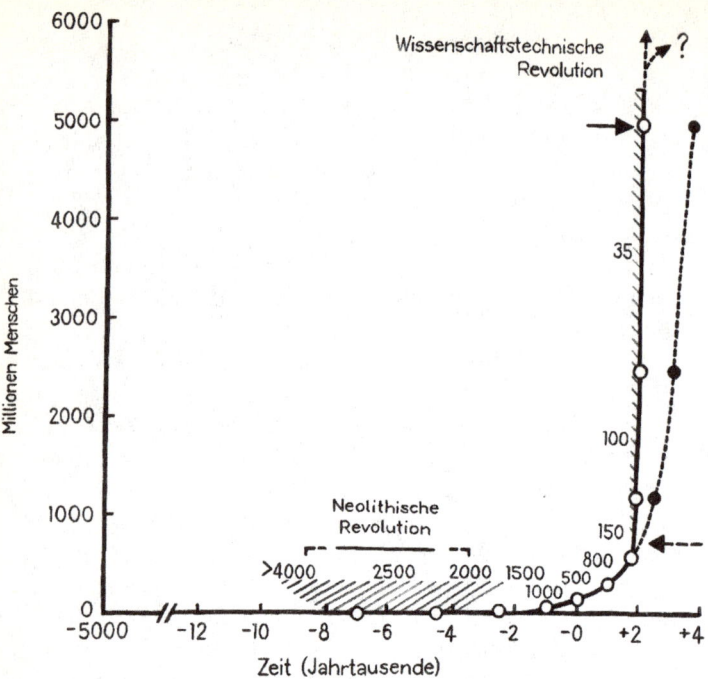

Zunahme der menschlichen Bevölkerung: Zwischen den Meßpunkten ist die Anzahl der Jahre wiedergegeben, während derer sich die Erdbevölkerung verdoppelte. Der gestrichelte Verlauf wäre eingetreten, wenn die Verdoppelungszeit sich nicht seit dem 18. Jahrhundert drastisch verkürzt, sondern nur um jeweils hundert Jahre abgenommen hätte. Die Erdbevölkerung läge dann zum heutigen Zeitpunkt nicht über fünf Milliarden, sondern bei weniger als einer Milliarde Menschen (Pfeile).

schnittliche Angebot einstellen. Wer dieser letzteren Strategie folgt, setzt auf nachhaltige Beständigkeit und innere Regelung des Populationswachstums, insbesondere durch Anpassung der Geburtenrate an die freien oder frei werdenden Möglichkeiten. Die schnellen »r-Typen« dagegen setzen auf

Ausbeutung mit Abwanderung. Der Preis dafür sind hohe Verluste, denn wenn die Population zu schnell zu stark angewachsen ist, bricht sie zusammen. Die Folgen sind katastrophale Todesraten oder hohe Verluste bei der Abwanderung ins Ungewisse. Solche Arten, zumeist handelt es sich um kleine Organismen wie Insekten oder die Krankheitserreger, verursachen auch für uns Menschen mit ihrem plötzlichen Massenauftreten in zahlreichen Fällen Schwierigkeiten. Die »Schädlinge« in der Landwirtschaft oder in anderen Nutzungsbereichen des Menschen gehören dazu.

Mit den »K-Typen« kommen wir besser zurecht, weil ihre Bestandsentwicklung überschaubar ist. Wer einen Wald pflanzt, kann in der Regel von einer jahrzehntelangen Entwicklung ausgehen und somit, wie die Forstwirtschaft, langfristig kalkulieren. Wir nennen das »Nachhaltigkeit« – ein Begriff, der gegenwärtig zum Schlüsselwort für unsere Nutzung der Natur geworden ist. Nachhaltig nutzen läßt sich aber nur, was sich auch hinreichend kontinuierlich und überschaubar entwickelt. Eine nachhaltige Nutzung von örtlich und unvermittelt explodierenden Blattlauskolonien ist auch für die in der Vermehrung schnellen Marienkäfer so gut wie unmöglich. Unter Naturbedingungen kommen sie mit »Zeitverzögerung«, das heißt aus unserer Sicht dann zu spät, um den Schaden abwenden zu können. Mit der Art und Weise, wie Populationen wachsen, sind somit auch grundlegende wichtige Fragen verbunden, die den Eingriff des Menschen in Bestände von Tieren und Pflanzen oder auch Mikroben betreffen. Deshalb sollten wir uns die Wachstumskurven noch etwas genauer vornehmen.

Die beiden Grundtypen lassen sich, wie in der Abbildung auf Seite 86 gezeigt, als Zackenkurve mit ausgeprägtem Auf und Ab und als sigmoide Kurve mit geringfügigen Schwankungen knapp unter der Umweltkapazität charakterisieren. Die »r-Typen« durchbrechen zwar die Grenze, die ihnen die

Der Umweltwiderstand

$r = 0$ ist der Zustand des *popularen Gleichgewichts*. Spätestens an der Kapazitätsgrenze sollte dieser Zustand erreicht sein, am besten schon rechtzeitig vorher, sonst würde der Bestand erhebliche Einbußen erleiden, wenn plötzlich keine Lebensgrundlagen mehr verfügbar wären. In Wirklichkeit wird sich in aller Regel die Verknappung der Lebensgrundlagen beim Anwachsen der Population immer stärker bemerkbar machen. Die Ökologie spricht daher recht treffend vom *Umweltwiderstand*, der um so größer wird, je mehr Plätze schon besetzt oder Ressourcen verbraucht sind. Das Ergebnis läßt sich bei Arten, die sich langsam vermehren und daher ausreichend Zeit haben, sich auf den Umweltwiderstand einzustellen, im Verlauf der Bestandsentwicklung direkt ablesen: Die Kurve (siehe Seite 86) steigt zunehmend flacher an und schwenkt aus der anfänglichen J-Form in eine S-Form um. Der *Wendepunkt* dieser *sigmoiden Wachstumskurve*, wie sie genannt wird, liegt beim halben Wert der Umweltkapazität (K/2). Die weitere Entwicklung strebt der Kapazitätsgrenze (K) mit zunehmend geringeren Zuwächsen entgegen und geht an der Umweltkapazität in eine Gerade über. Der Gleichgewichtszustand ist erreicht; r ist Null geworden!

Umweltkapazität eigentlich setzt, immer wieder und verursachen damit ihren eigenen Bestandszusammenbruch, aber in der langfristigen Bilanz ergibt das stetige oder unregelmäßige Auf und Ab doch als Mittelwert ebendiese Umweltkapazität. Das kann gar nicht anders sein, es sei denn, die Umweltkapazität würde viel höher liegen und die starken Schwankungen wären von Feinden oder Krankheiten verursacht. Auch solche Fälle gibt es, sogar nicht wenige. Dann allerdings greift die Grundvoraussetzung für die Abgrenzung der ökologischen Nische, die zwischenartliche Konkurrenz, nicht mehr. Wo aber die Umweltkapazität nicht ausgeschöpft wird, kann auch das »Konkurrenz-Ausschluß-Prinzip« von Gause & Volterra nicht mehr wirken. Andere Arten haben Platz, die Gemeinschaft ist nicht »gesättigt« und demzufolge fest abgegrenzt.

Stellen wir diese Möglichkeit noch kurz zurück und betrachten wir den zweiten Grundtyp, der den Bestand nicht nennenswert über die Umweltkapazität K hinauswachsen läßt. In diesem Fall wirkt sich die Bremse abnehmender Nutzungsmöglichkeiten rechtzeitig aus, und es kommt nicht zum Übersteigen der Grenze. Erhöhter innerartlicher Konkurrenzdruck wird wirksam, wenn etwa die Hälfte der Möglichkeiten ($K/2$) ausgeschöpft ist. Die zwischenartliche Konkurrenz, welche die Nischenbreite mehr oder minder stark bestimmt, tritt in ihrer Wirksamkeit zurück, während die innerartliche zunimmt. Die Differenz zwischen – auf die Geburtenrate bezogen – ungebremstem und dem tatsächlich auftretenden, gebremsten Wachstum wird zum direkten Maß für diese innerartliche Konkurrenz: Die Vermehrungsrate nimmt entweder ab, weil weniger Nachwuchs produziert wird oder weil die Todesrate ansteigt und die Abwanderung zunimmt.

Die Tendenz zur Ausschöpfung der Umwelt bis zur Kapazitätsgrenze bleibt davon nicht berührt. Wie und womit sich die Population in den internen Vorgängen darauf einstellt, ist für das Ergebnis eines Einpendelns an der Kapazitätsgrenze unerheblich. Erheblich sind allerdings die Auswirkungen von Eingriffen – sei es durch Krankheiten oder schwächende Parasiten, durch natürliche Feinde oder durch den Menschen. Im Nahbereich an der Kapazitätsgrenze sind sie längerfristig ohne Auswirkungen, und die verschiedenen Eingriffe heben sich in ihrer Wirksamkeit auf. Es werden einfach die durch Feinde, Krankheiten oder Nutzung beziehungsweise Bekämpfung durch den Menschen frei gewordenen Plätze durch Fortpflanzung wieder aufgefüllt. Die verursachten Verluste vermindern den inneren Konkurrenzdruck. Deshalb fluktuieren die Populationen vieler Arten in sehr gleichförmigen und von den Umweltbedingungen recht konstant bleibenden Lebensräumen wenig, obwohl Krankheiten und Feinde Verluste verursachen, die weit über den natürlichen (Alters-)Tod hinausgehen.

Bei sich schnell vermehrenden Arten werden die Populationen durch Nutzung sogar hochproduktiv gehalten; am besten im Bereich von K/2. Dort, wo das exponentielle Wachstum in das sigmoid-gebremste umschlagen würde, ist die Wachstumsleistung des Bestandes (seine Reproduktionskapazität) am größten. Eine »nachhaltige« Fischerei sollte bemüht sein, den genutzten Bestand im Bereich von K/2 zu halten, dann kommen die besten Erträge heraus, die auch langfristig ziemlich gesichert sind. Für die Herden von Nutztieren, die von Nomaden oder Landwirten gehalten werden, gilt dasselbe; auch für das Pflanzenwachstum. Wer, wie oftmals Jäger, vorgibt, bestimmte Tierarten durch scharfe Bejagung kurzhalten zu wollen oder zu müssen, irrt häufig, weil mit Verlustmengen, die etwa K/2 entsprechen, im Gegenteil die »bekämpften« Bestände hochproduktiv gehalten werden – auch eine Form von (unnötiger) Arbeitsbeschaffung!

Nicht selten trifft dies auch für die »Schädlingsbekämpfung« mit chemischen wie biologischen Mitteln zu. Ihr Einsatz beruhigt die Gemüter, hat in der Nachwirkung aber keine Bedeutung, dafür jedoch Kosten und Umweltbelastungen verursacht.

Umgekehrt vertragen Populationen, die sich – vorausgesetzt ihr Bestand ist groß genug – nahe der Umweltkapazität befinden, durchaus nutzende Eingriffe, auch wenn man das aus der Sicht von Natur- oder Tierschutz mitunter nicht gerne wahrhaben will. Bleibt die Nutzung im oberen Viertel der Umweltkapazität und schlagen die durch die Nutzung verursachten Verluste nicht »tiefer« durch, verkraften das die Bestände nicht nur, sondern sie kommen auch weniger unter innerartlichen Konkurrenzdruck.

Die allermeisten der sogenannten natürlichen Feinde wirken in diesem sicheren Bereich, und deshalb beeinträchtigen die entsprechenden Verluste die betroffenen Populationen auch nicht. Würden die Feinde stärker auf den Bestand – ihre eigene Nahrungsgrundlage – einwirken, würden sie als Nutzer auch ihre eigene Nahrungsbasis schmälern. Aus diesem Grund funktioniert die natürliche Schädlingsbekämpfung auch nur bedingt, und ohne Zutun des Menschen hätten die »Nützlinge« keine Chance, die Schädlinge wirklich nachhaltig zu dezimieren: Das wäre gegen ihr Eigeninteresse. Für Krankheitserreger und Parasiten gilt dieses Prinzip in gleicher Weise. Die tödliche Erkrankung würde ihre Erreger letztendlich vernichten, auch wenn durch rechtzeitiges Überspringen auf noch nicht Infizierte kurzfristig scheinbar alles gut läuft. Das Ende wäre dennoch unvermeidlich. Parasiten sind auf diesem Weg zu Parasiten geworden, sie haben sich mit den befallenen Organismen auf ihre Weise arrangiert. Wir nennen das Immunität. Diese nützt den Erregern und Parasiten durchaus und sichert ihrer beider Leben. Problematisch sind allerdings immer Wirtswechsel; sie verursachen anfänglich Turbulenzen und Unsicherheiten, bis die Betroffenen entsprechende dämpfende Gegenmaßnahmen ergriffen haben. Bei den Krankheitserregern ist das die sich entwickelnde Immunität oder eine Verschiebung in der genetischen Zusammensetzung der Populationen. Die besser geeigneten genetischen Typen überleben.

Die meisten Seuchen in der überlieferten Geschichte der Menschheit haben daher mit der Zeit ihre Schrecken verloren und ihre anfänglich sehr hohe Virulenz und die damit verbundene Todesrate eingebüßt. Für die Betroffenen ist das kaum ein Trost, aber für die Überlebenden und ihre Nachkommen. Das gleiche gilt in der Schädlingsbekämpfung wie auch in der Medizin. Nach anfänglich grandiosen Erfolgen erweisen sich die Mittel (Pestizide, Herbizide, Fungizide) oder die Medikamente als immer weniger wirksam, weil dagegen widerstandsfähige, resistente Teile der Population plötzlich gewaltige Vermehrungchancen erhalten. Sie nutzen diese, breiten sich aus und verursachen nicht selten noch größere Schäden, Verluste oder Erkrankungen, als das vorher der Fall gewesen ist. Deshalb sollte vor Beginn der Bekämpfungsmaßnahmen der Zustand der schädigenden Population bekannt sein. Befindet sie sich noch im Anfangsstadium der Entwicklung, ist sie besonders empfindlich und kann unter Umständen ganz ausgelöscht werden. Hat sie aber K/2 oder mehr erreicht, wird die Bekämpfung problematisch.

Die Populationsökologie unterscheidet daher drei Abschnitte in der Bestandsentwicklung, die ganz unterschiedlich reagieren: Die erste Phase ist die Verzögerungsphase. In ihr wächst die Population langsam, verzögert, weil entweder die absolute Menge der Nachwuchsproduktion noch gering ist, oder die Nachkommen noch Zeit für ihre Entwicklung bis zur eigenen Fortpflanzungsfähigkeit brauchen. Nur wenige Arten, allen voran die wenig beliebten Blattläuse, kürzen diese Phase ab, weil sie mit sogenannter Jungfernzeugung (Parthenogenese) gar nicht erst das Reifestadium abwarten müssen, sondern schon während der Entwicklung gleich wieder Nachkommen hervorzubringen imstande sind. Deshalb »explodieren« die Blattlausbestände auch so augenscheinlich, sobald die Außenbedingungen, insbesondere Temperaturen und die Niederschlagsverhältnisse günstig sind. Gewächshäuser schaffen solche Bedingungen, und ihr Betrieb muß sich daher nahezu ständig mit solchen ungebetenen Gästen herumschlagen. Auch viele Parasiten sind, dank des so günstigen »Innenklimas«, das in ihren Wirten herrscht, zu unglaublich massiver Fortpflanzung befähigt.

Ein einzelner Bandwurm kann Hunderttausende oder Millionen von Eiern erzeugen und damit das höchst Unwahrscheinliche möglich machen, nämlich eine erneute Infizierung eines geeigneten Wirts auch über äußerst komplizierte Umwege zu bewerkstelligen. Für die meisten Populationen gilt dagegen, daß die Verzögerungsphase (lag-Phase) ihre Achillesferse darstellt: In dieser Zeit der Bestandsentwicklung ist das Risiko hoch, gleich wieder auszusterben. Das ist das Schicksal der allermeisten Ansiedlungen. Nur ganz wenige werden Erfolg haben, weil sie auf wirklich passende Gegebenheiten und Ausgangsbedingungen gestoßen sind. Tritt dieser Fall jedoch ein, kommt die Entwicklung immer schneller in Gang. War es anfänglich kaum möglich, den exponentiellen Verlauf vom linearen zu unterscheiden, so wird jener jetzt deutlicher. In vergleichsweise kurzer Zeit nimmt der Bestand zu. Das ist die logarithmische Phase (log-Phase). Beide Typen von Populationen, die r-Typen wie die K-Typen, gleichen sich bis dahin noch weitestgehend. Aber während bei den r-Typen die Entwicklung logarithmisch (exponentiell) weitergeht und sehr rasch die Kapazitätsgrenze erreicht, schwenkt bei den K-Typen der Verlauf nun um und strebt dieser Grenze zu, ohne sie zu überschreiten. Diese Phase wird als Stabilitätsphase (stab-Phase) gekennzeichnet. Den r-Typen fehlt sie. Populationstyp und Zustand der Population sind aus diesen Gründen entscheidend für Art und Auswirkung von Eingriffen. Was in einem Fall richtig und angemessen sein mag, kann im anderen bei gleichen Absichten völlig danebengehen. Deswegen entstehen auch bei den Versuchen, »Kontrolle« über Arten und deren Bestandsentwicklung auszuüben, immer wieder so viele Überraschungen und Enttäuschungen.

Allein gelassen unterliegen alle Populationen von Tieren, Pflanzen und Mikroben einer Regelung, die verhindert, daß diese Art(en) die Erde überschwemmen. Aber nur bei den stammesgeschichtlich spät entwickelten, komplexen (und langlebigen) Lebensformen setzt die Regelung in den vergleichsweise günstigen und »harmlosen« Bereichen an. Dazu gehören viele Säugetiere und – hoffentlich – auch der Mensch. Diese Regelung funktioniert nach dem K-Typ und vermindert die Nachwuchsproduktion so rechtzeitig, daß keine allzu massive Zunahme der Sterblichkeit den Überschuß dahinraffen muß oder zu viele Nachkommen das Herkunftsgebiet zu verlassen haben (was meist dem Tode gleichkommt). Mechanismen des Sozialverhaltens greifen ein, senken die Geburtenrate und sichern gleichzeitig den erfolgreich sich Fortpflanzenden einen hohen Überlebenserfolg. Wenige Nachkommen mit hoher Überlebenswahrscheinlichkeit sind nicht schlechter als viele mit geringer – oft sogar besser, weil für die Fortpflanzung Aufwand und Ergebnis ökonomischer ausfallen. Reicht diese innerartliche Regelung über das Sozialverhalten jedoch nicht aus und fängt die Population an, ihre Lebensgrundlagen über Gebühr zu nutzen, sinkt der Gesundheitszustand (die Kondition) und die Angehörigen der Population werden anfälliger für Feinde und Krankheiten.

Besonders die Krankheiten bilden oft die letzte Instanz für die Bestandskontrolle. Zu viele Individuen in schlechter Kondition sind eine ausgezeichnete Ernährungs- und Vermehrungsgrundlage für Parasiten und Krankheiten. Auf diese Weise garantiert ein abgestuftes System von Wirkungen, die gegen die weitere Bestandszunahme gerichtet sind (Opponenten), daß »die Bäume nicht in den Himmel wachsen« und die vielfach befürchteten Verheerungen sich übermäßig vermehrender Populationen in aller Regel ausbleiben. Wenn der Mensch jedoch besonders günstige Voraussetzungen für solche Massenvermehrungen schafft, die außer Kontrolle geraten, so ist dies wohl nicht der Natur und ihren Unzulänglichkeiten anzukreiden! Da die große Mehrzahl der Populationen von Tieren und Pflanzen mehr dem r-Typ als dem beständigeren und ausgeglicheneren K-Typ angehören, sollte in der Natur eigentlich ein andauerndes, mehr oder weniger chaotisches Auf und Ab herrschen. Kleinräumig betrachtet ist das auch der Fall. Wie stark die Schwankungen, die Fluktuationen, in Erscheinung treten, ist nämlich eine Frage des Maßstabs. Sind die Flächen für eine Untersuchung zu klein gefaßt, werden die Ergebnisse tatsächlich sehr starke Fluktuationen zeigen. Je größer sie aber sind, um so mehr scheinen sich die Schwankungen zu dämpfen. Über größere Räume kommt dann ein Zustand zutage, der ein Gleichgewicht zeigt.

Was ist nun richtig: Auf und Ab oder Gleichgewicht? Beides, denn von wenigen Spezialfällen sehr seltener und sehr lokal verbreiteter Arten leben die meisten in mehreren bis vielen Populationen, die geographisch verteilt sind. Das Gesamtvorkommen zahlreicher Arten, ihr Areal, kann globale Dimensionen annehmen. So kommt etwa die Kohlmeise in vielen Populationen von Westeuropa bis Japan vor. Auch das Reh ist bis Ostasien verbreitet. Über so große Distanzen können die Populationen selbstverständlich nicht mehr kontinuierlich in Kontakt zueinander stehen und die lokalen Unterschiede in Zuwächsen oder Bestandsrückgängen ausgleichen. Die Arten fangen an, sich in Unterarten (Subspezies) zu differenzieren. Auf diese Weise entstanden auch die »Rassen« des Menschen und die zahlreichen Lokalformen der menschlichen Bevölkerungen, einschließlich der Unterschiede ihrer Kulturen. Aber da, wo die Populationen dicht genug aneinandergrenzen und sich über Zu- und Abwanderung untereinander austauschen, glätten diese Vorgänge die lokal vielleicht sogar recht starken Unterschiede. Man spricht von »Metapopulationen«. Ihrem Vorhandensein ist es zu verdanken, daß nicht beständig die Arten da und dort aussterben, Lücken hinterlassen oder extrem selten werden. Da nicht alle Populationen eines größeren Gebietes in gleicher Phase der Bestandsentwicklung sich bewegen, werden die örtlichen Unterschiede ausgeglichen. Dem Austausch zwischen den Populationen kommt daher mehr als nur eine statistische Bedeutung in der Berechnung der Zuwachs- oder Abnahmeraten zu.

Eine zu starke Isolierung bedeutet Gefährdung – und sie wird daher vom Naturschutz sehr skeptisch betrachtet und durch Verbindungs- und »Vernetzungsmaßnahmen« (die sogenannte Biotopvernetzung) zu mildern versucht, wo etwa in der modern landwirtschaftlich genutzten Flur naturnahe Lebensräume zu Inseln geworden sind.

Die Dynamik der Metapopulationen führt zurück zur aufgeworfenen Frage, ob denn die Populationen der Arten tatsächlich in so großem Maß ihre jeweiligen Nischen bis zur Sättigungsgrenze – der spezifischen Umweltkapazität – nutzen. Wenn ja, wäre die Strukturierung der Biozönosen gleichsam festgelegt und ihre Störung direkt am Artenfehlbetrag meßbar. Wenn nicht, ist nicht nur die Theorie unzureichend, sondern die Praxis geht möglicherweise auch falsch vor. Das ist zu klären.

Biodiversität

Betrachten wir einen beliebigen Ausschnitt aus der Natur, so werden wir eine mehr oder weniger große Vielfalt an Arten von Tieren und Pflanzen vorfinden. Auf die Fläche bezogen, also Artenzahl pro Flächeneinheit (oft Quadratkilometer oder andere Flächenmaße, je nach Größe der zu behandelnden Lebewesen: Bei Einzellern und Mikroben können Quadratmeter schon zu groß und eher Quadratzentimeter angemessen sein), wird diese Vielfalt als Diversität bezeichnet. Da mitunter auch die Vielfalt der Biotope gemeint ist oder mit einbezogen werden soll, empfiehlt es sich, präzise zu bleiben: Artendiversität. Würde sie für die verschiedenen Lebensgemeinschaften in den unterschiedlichen Biotopen jeweils festliegen, bedürfte sie keiner weiteren Betrachtung. Aber das ist nicht der Fall, im Gegenteil: Artendiversität hängt sehr stark von der Flächengröße ab! Je größer die Fläche, desto mehr Arten kommen darauf vor – und umgekehrt. Die »Arten-Areal-Beziehung« trifft für offenbar so gut wie alle Gruppen von Lebewesen zu, gleich ob es sich um Ameisen oder Vögel, um Blütenpflanzen oder Moose handelt.

Stellt man den Kurvenverlauf mit zunehmender Flächengröße in einem Diagramm dar, dessen Achsen ein logarithmisches Maß tragen, so entsteht eine ansteigende Gerade (siehe Abbildung auf der nächsten Seite). Sie weist zwei wichtige Bereiche auf. Der eine davon ist der »Nahbereich«. Er legt fest, wie klein die Fläche höchstens sein darf, damit die Beziehung zwischen Artenreichtum und Flächengröße noch aufrechterhalten bleibt. Das wäre die Mindestgröße eines Biotops für die betreffende Artengruppe; wird die Fläche noch kleiner, können nicht mehr alle für diesen Lebensraum typischen Arten vorkommen. Bei mitteleuropä-

Die Arten-Areal-Beziehung

Die genaue Beziehung zwischen Artenzahl und Flächengröße erkannten die beiden amerikanischen Ökologen Robert MacArthur und Edward O. Wilson 1967. Sie ermittelten aus der Vielzahl der bekannten Vorkommen verschiedenster Artengruppen auf Inseln und auf den Kontinenten die heute als *Arten-Areal-Beziehung* bekannte Abhängigkeit. Auch sie ist ihrer Natur nach exponentiell: Die Zahl der Arten (S für Spezies) ergibt sich aus der Flächengröße (A), einem Exponenten, der als *Exponent der Verinselung* (z) bezeichnet wird, und einem Faktor C, der vom Artenreichtum der behandelten Tier- oder Pflanzengruppe abhängt. Die ganze Formel sieht folgendermaßen aus: $S = C\,A^z$. Hier die Kurve des typischen Verlaufs:

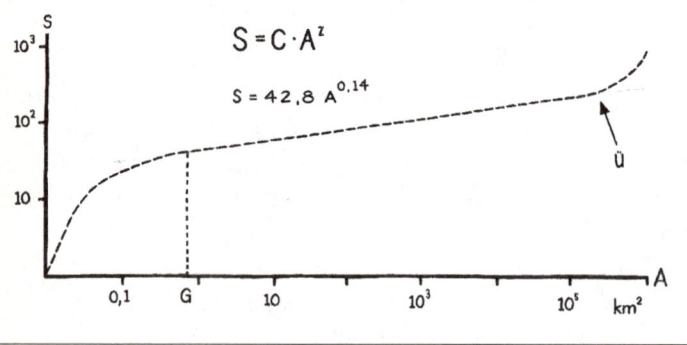

ischen Brutvögeln liegt diese Grenzgröße im Bereich von rund einem Quadratkilometer. Wird dann beispielsweise ein Waldstück so verkleinert, daß nur noch zehn Hektar davon übrig sind, enthält dieses Stückchen eben (bei weitem) nicht mehr all die Vogelarten, die in einem Quadratkilometer großen oder größeren Waldstück an Brutvögeln zu finden sind.

Die viel kleineren und wenig beweglichen Landschnecken kommen mit entsprechend weniger Fläche noch zurecht. Ihr Artenspektrum fällt erst unter einer Flächengröße von einigen hundert Quadratmetern ab. Umgekehrt brauchen Gemeinschaften großer Säugetiere, etwa in Ostafrika oder in den Wäldern des Nordens Hunderte von Quadratkilometer große Lebensräume, und um anhaltende Artenverluste zu vermeiden, müssen zwanzig- bis fünfzigtausend Quadratkilometer Lebensraum vorhanden sein.

Die Arten-Areal-Beziehung liefert somit für die verschiedenen Tier- und Pflanzengruppen diese Mindestgrößen und sie kann auch ermitteln, ob »Verbundsysteme« von Teilstücken in ausreichendem Maße als Einheit wirken und das Artenspektrum erhalten. Auf der anderen Seite gibt der Kurvenverlauf auch an, ob etwa mit Vergrößerung der Bezugsfläche ein neuer Großtyp von Lebensräumen mit erfaßt worden ist. Dann steigt die Artenzahl auf kleine Flächenvergrößerung hin überproportional an. Bei genauem Arbeiten können daher mit dieser Methode auch Grenzen von Biotopen ermittelt und festgelegt werden. Oder man kann überprüfen, ob die angenommenen Abgrenzungen auch wirklich solche sind oder ob wir einem Irrtum unterliegen, weil unsere Eindrücke uns eine Grenze nahelegen.

Die wichtigste Eigenschaft der Arten-Areal-Beziehung liegt aber darin, daß sie für jede Fläche, die beispielsweise im Naturschutz bewertet werden soll, einen »Erwartungswert« angibt, der leicht berechnet werden kann, wenn der Faktor C und der Exponent z bekannt sind. Ersterer ist für eine Reihe von Tiergruppen mittlerweile (für Mitteleuropa) bestimmt worden.

Für Brutvögel (also nicht die nur mehr oder weniger kurzzeitig oder unregelmäßig auftretenden Gastvogelarten) liegt er, wenn Quadratkilometer als Bezugsflächengrößen dienen, bei etwa 42 Arten. Für Landschnecken bei 43, für Frösche –

wegen der geringen Artenzahlen in dieser Gruppe – aber nur bei 3. Der Exponent z liegt auf großflächigen Landgebieten, also auch in Mitteleuropa für die meisten Gruppen von Organismen bei 0,12 bis 0,14, während er auf Inseln den doppelten Wert (um 0,3) annimmt. Somit ist es einfach, für eine bestimmte Fläche, sagen wir für 300 Quadratkilometer, den Erwarungswert zu berechnen, der zutreffen sollte, wenn diese Fläche in etwa den mitteleuropäischen Durchschnittsgegebenheiten in der Natur entspricht. Für die genannten 300 Quadratkilometer wären das 93 Arten von Brutvögeln.

Die Zahl der tatsächlich auf dieser Fläche festgestellten Brutvogelarten kann nun mit dem Erwartungswert verglichen werden. Entsprechen sich die beiden, sind durchschnittliche Verhältnisse gegeben. Liegt der tatsächliche Wert deutlich niedriger, sagen wir bei nur 38 Arten (wie das für Agrarlandschaften in Mitteleuropa der Fall sein kann), so haben wir es mit artenarmen oder an Arten verarmten Flächen zu tun.

Die Artendiversität wäre in so einem Fall stark vermindert. Erwartungsgemäß werden die weithin häufigen und verbreiteten Arten unter den verbliebenen stark oder ausschließlich vertreten sein. Liegt der Wert dagegen deutlich über der Erwartung, vielleicht bei 120 Brutvogelarten, so erweist sich die untersuchte Fläche als sehr artenreich, vielleicht sogar herausragend und wird entspechend »hoch« (vom Naturschutz) einzustufen sein.

Allerdings können sehr artenarme Biotope auch dadurch bedeutsam sein, daß sie wegen ihrer besonderen, extremen Lebensbedingungen viele Spezialisten enthalten. Doch das ist zumeist vorher schon bekannt, etwa wenn ein Hochmoor oder ein ausgedehntes Dünengelände untersucht wird. Überraschenderweise liegen in Mitteleuropa, und nicht nur hier, sondern fast überall, die Städte mit ihrem Artenreichtum weit über den Durchschnittsverhältnissen im Kulturland –

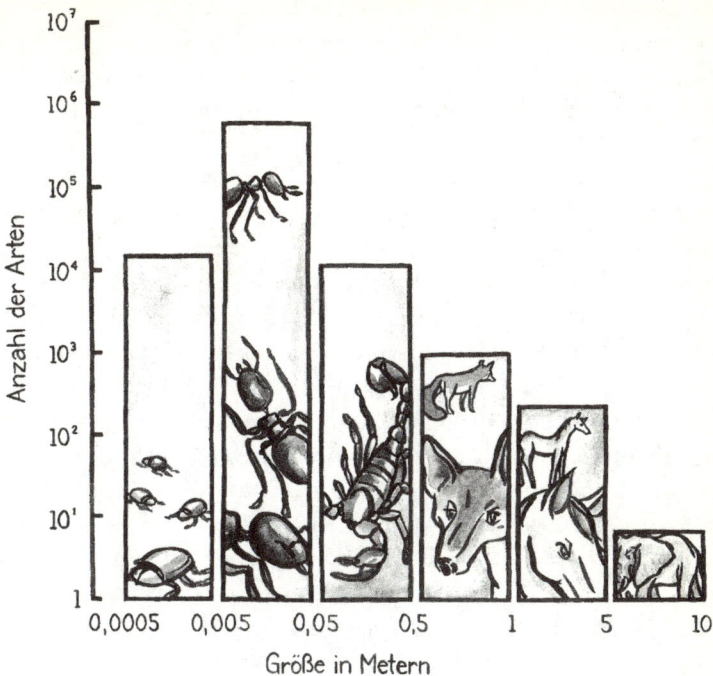

Artenvorkommen in Abhängigkeit zur Tiergröße.

und das um so mehr, je größer sie sind. So hat München auf seinen 300 Quadratkilometern Stadtgebiet etwa zehn Brutvogelarten mehr, als seiner Flächengröße entsprechen würde, und Berlin liegt mit 141 Brutvogelarten sogar um ein gutes Drittel über dem Erwartungswert. Das sind bedenkenswerte Befunde. Eines klärt die Arten-Areal-Beziehung aber ganz deutlich: Die Biotope sind offenbar weithin mit Arten nicht gesättigt! In vom Menschen umgestalteten Kulturland mag das noch verständlich erscheinen, weil viele Arten mit dem Menschen und seiner Wirtschaftsweise vielleicht nicht zurechtkommen und daher vielerorts fehlen. Doch auch in wenig veränderten Tropenregionen ergibt sich im Grunde ein gleichartiger Befund. Die Artenzahlen steigen mit zunehmender Flächengröße sogar noch stärker als im Kulturland an, aber nicht, weil die Regenwälder der Tropen ohnehin so extrem artenreich sind, sondern weil die Artenvielfalt viel ausgeprägter inselartig verteilt ist als in den gemäßigten oder kalten Regionen. Auf einem oder wenigen Quadratkilometern amazonischen Regenwalds ist nicht mehr als etwa die doppelte Artenzahl an Brutvögeln zu finden als in einem mitteleuropäischen Mischwald. Anstelle von gut sechzig Brutvogelarten sind es etwa 120. Aber während in unseren Breiten die Artenzahl mit gesteigerter Flächengröße nur wenig zunimmt und für ganz Deutschland auf nur rund 200 ansteigt, sind es in Amazonien über 1500 Arten (mehr als tausend, wenn die gleiche Fläche wie Deutschland zugrunde gelegt wird). Diese Verfünffachung hängt mit dem viel ausgeprägter insulären Vorkommen der Arten zusammen – und deshalb ist es für so artenreiche Regionen nicht damit abgetan, die Artenvielfalt auf wenigen Prozent geschützter Flächen erhalten zu wollen. Das mag für einen Großteil des Artenspektrums bei uns in Mitteleuropa reichen, nicht aber für die Tropenwelt. Offenbar kommen dort sehr viele Arten geographisch nebeneinander vor, während in außertropischen Lebensräumen das Miteinander ausgeprägter ist.

Die Forschungen hierzu sind noch im Fluß. Was sich jedoch immer deutlicher abzeichnet, sind die folgenden beiden Grundvoraussetzungen für Artenvielfalt: Der Lebensraum muß reich an Strukturen sein und dürftig an Ressourcen. Der Mangel ist die Mutter der Vielfalt, der Strukturreichtum garantiert ihre Erhaltung. Wo vereinfacht wird und der Mangel zum Überfluß gedeiht, schwindet die Vielfalt. Sie wird zu Monotonie! Das ist der Hintergrund zu der veränderten, neuen Sicht von Biozönosen und Ökosystemen. Es handelt sich bei ihnen um dynamische »Gebilde« ohne feste Grenzen, die sich in Raum und Zeit verändern. Der Artenumsatz, auch »Artenturnover« genannt, ist um so höher, je artenreicher die betreffenden Gruppen von Tieren oder Pflanzen sind und je mehr sich die allgemeinen Lebensbedingungen verändern. Tropische Lebensräume mit ihrem Mangel an Grundnährstoffen erscheinen so stabil, weil die meisten Arten so selten sind und das auch bleiben müssen, daß ihr natürliches Fluktuieren, ihr örtliches Verschwinden wie ihre Wiederkehr weit weniger auffallen als in artenarmen, mit Nährstoffen überfrachteten Gebieten. Dort kommt es immer wieder zu unerwarteten Massenvermehrungen und starken Verschiebungen in der Zusammensetzung von Flora und Fauna.

Die Nischen der Arten liegen eben doch nicht so fest, wie das bis in die neuere Zeit von Ökologen und Naturschützern angenommen worden war. Sie sind flexibler, und das um so mehr, je weniger die Arten wegen ihrer Größe (Bäume) oder inneren Organisation (Vögel, Säugetiere) von den kleineren und mittelgroßen Schwankungen der Lebensbedingungen in der Umwelt abhängig sind. Eng an die Nischen gebunden sind die vielen Kleinen, die Spezialisten. Ihr Leben und Überleben hängt davon ab, ob ihre Biotope erhalten bleiben. Die anderen, unabhängiger gewordenen werden dagegen zumeist vom Menschen kontrolliert. Er entscheidet, welche größeren Säugetiere und Vögel mit ihm in seiner Welt (und vielleicht auch von dem, was er selbst produziert) leben dürfen, aber nicht die Nischen, in die diese Arten gehören »sollten«! Das hat natürlich erhebliche Konsequenzen für den Naturschutz und ganz allgemein für unseren Umgang mit der Natur.

Ökologie ist nicht Selbstzweck, sondern auch in sehr starkem Maße eine »angewandte« Wissenschaft, von der wir ab-

leiten möchten, was gut oder schlecht ist, was dem Naturhaushalt zumutbar oder abträglich ist. Geht das?

Wissen wir genug, um die Ökologie sinnvoll zu gebrau-
chen, oder wird sie nur dazu mißbraucht, eigene Ideologien
voranzutreiben?

Naturschutz und Umweltschutz

Die Natur in ihrer Vielfalt und ihrem Reichtum zu erhalten, ist das zentrale Anliegen des Naturschutzes. Seit gut einem Jahrhundert wird dafür gekämpft, aber die Ursprünge reichen viel weiter zurück in die Geschichte des Menschen. In früheren Zeiten waren es Tabus oder Vorschriften, welche die Nutzung der Naturgüter regelten. Wasser- oder Weiderechte reichen auch bei uns weit zurück, doch die für den Umgang mit der Natur günstigen Regeln wurden bei genauerer Betrachtung der Verhältnisse zumeist überbewertet. Die alten Vorschriften entsprangen der Notwendigkeit und nicht etwa der Einsicht, daß die Natur an sich einen Wert und eine Bedeutung für die Zukunft hätte. Es ging vielmehr darum, die Nutzung so zu gestalten, daß sie einigermaßen sozialverträglich und für die höheren Schichten der Bevölkerung einträglich blieb. Es ist wohl auch falsch, zu glauben, daß die sogenannten Naturvölker »im Einklang mit der Natur« lebten. Sie konnten nicht anders! Als sie die Möglichkeit zu stärkerer Ausbeutung erhielten, benahmen sie sich so wie die anderen Menschen auch und keineswegs »besser« oder einsichtiger. Der Mensch nutzt die Natur immer so stark, wie es seine Möglichkeiten zulassen. Er unterscheidet sich darin in keiner Weise von anderen Lebewesen; sie alle streben, als Folge ihrer Vermehrung, zu den Grenzen ihrer Möglichkeiten. Ob das die in der Abbildung auf Seite 105 bezeichnete Kapazitätsgrenze ihrer artspezifischen Umwelt ist, oder – im Fall des heutigen Menschen – die ganze Erde, bleibt sich gleich. Die Einsicht, daß beim Streben nach Nutzung der Möglichkeiten bis zu den Grenzen auch große, weit in die Zukunft hineinwirkende Schäden verursacht werden können

oder Schönes und Unwiederbringliches verlorengeht oder
zerstört wird, ist dagegen neu. Sie hängt mit der neuartigen
Lage zusammen, in der sich die Menschheit in unserer Zeit
befindet: Es gibt für sie keine unberührten Ausweichräume
mehr!

Sie sieht sich gezwungen, auf dieser Erde zu leben, und sie
muß sich auf das Miteinander einrichten – ein Miteinander,
das nicht nur alle anderen Menschen einschließt, sondern
auch die anderen Lebewesen. Viele von ihnen, niemand kann
sagen, um wie viele Arten es sich handelt, sind mittlerweile
durch das Wirken des Menschen auf der Strecke geblieben.
Die Verluste werden täglich größer, weil die große Vielfalt
der Arten in den tropischen Lebensräumen den fortschreitenden Brandrodungen und Verwüstungen zum Opfer fällt,
ohne daß im Detail Kenntnis von den zugrundegehenden
Arten verfügbar wäre. Die Menschen haben es fertigge-
bracht, zum Mond zu fliegen und ferne Planeten zu erkun-
den, die Kernkraft zu entschlüsseln und Radiosignale in die
Tiefen des Weltalls auszusenden – in der vagen Hoffnung,
einmal Antwort zu bekommen. Aber die Lebensfülle auf
dem eigenen Planeten kennen sie nach wie vor höchst unzureichend. Sogar die Spezialisten tun sich schwer abzuschät-
zen, wie viele Arten es denn auf der Erde gibt – Arten von
Lebewesen, die jeweils einzigartige Kombinationen von
Erbinformationen darstellen und nicht einfach »Massen-
ware« mit geringen Unterschieden sind, wie viele vielleicht
angesichts der Fülle winziger Käfer, deren Artenzahl in die
Hunderttausende, wenn nicht Millionen geht, verächtlich
sagen würden. Die Abbildung auf Seite 105 vermittelt einen
Einblick in den derzeitigen Kenntnisstand. Die Lücken sind
um so größer, je kleiner die Arten sind, die es zu erfassen
gälte. Deshalb gehen die Schätzungen zum Gesamtbestand
der Artenvielfalt auch so weit auseinander, daß eine vernünf-
tige Zahl gar nicht anzugeben ist. Sind es drei, fünf, zehn

110

oder fünfzig Millionen verschiedener Arten von Lebewesen, die sich mit uns den Planeten Erde teilen? Je nachdem, wie groß die Artenfülle tatsächlich ist, fallen auch die täglichen Artenverluste durch Aussterben und Vernichtung unterschiedlich aus. Es kann sich um Dutzende, Hunderte oder Tausende Arten handeln, um die das Leben auf der Erde durch unser Wirken Jahr für Jahr ärmer wird. Wir wissen es einfach nicht.

Die Sorge um die Erhaltung der Vielfalt des Lebens führte nach jahrzehntelangen Bemühungen von Biologen und Naturschützern dazu, daß 1992 auf dem sogenannten »Umweltgipfel von Rio« die Erhaltung der »Biodiversität« ins Zentrum der Bemühungen der Staatengemeinschaft der Erde gerückt wurde. Ein großer Fortschritt für den Naturschutz, wie man meinen könnte, doch gehen die Brände in den Tropenwäldern weiter, jahrweise verstärkt durch die Klima-Anomalie von El Niño. Die Hälfte der Regenwälder der Tropen ist bereits vernichtet. In anderen Lebensräumen sind die Verlustquoten noch höher. Bedroht sind die Meere durch Vergiftung und Übernutzung, die Wälder durch Abholzung, die Grasländer durch unkontrolliertes Brennen, die Gebirge und polarnahen Regionen durch die zunehmende Ultraviolettstrahlung, verursacht durch den Ozonschwund – und so fort! Der Naturschutz versucht sich weltweit gegen den Strom der Entwicklung zu stemmen, um Arten und Lebensräume zu erhalten und die Lebensbedingungen für den Menschen auch für die kommenden Generationen »lebenswert« zu gestalten. Solche Absichten sind menschenfreundlich im besten Sinne, auch wenn sie durch die notwendigen Einschränkungen oder Verbote mitunter gegen den Menschen gerichtet zu sein scheinen. Was sich aber gegen den Egoismus einzelner oder gegen die Nutzungsinteressen von Gruppen richtet, kann durchaus dem Wohl der Gemeinschaft dienen und im Interesse der Menschheit liegen. Der Umweltgipfel von Rio hat dies auch klar zum Ausdruck gebracht.

Aber das Dilemma, in dem sich der Naturschutz weltweit wie auch in den einzelnen Ländern und Regionen befindet, hat noch eine andere Dimension. Es geht nicht allein darum, Arten und Biotope zu schützen und dem Zugriff einzelner zu entziehen, was verständlicherweise Widerstände hervorruft, sondern er muß sich mit der viel grundlegenderen Frage auseinandersetzen, warum er genau dieses fordert oder verwirklichen möchte.

Hier trifft er sich mit der Ökologie, und an dieser Schnittstelle weichen Ökologie und Naturschutz auch auseinander. Denn die Ökologie kann als Naturwissenschaft nichts dazu sagen, wie die Natur hier oder dort sein soll! Sie stellt fest, was ist, und sie versucht, herauszufinden, was sein wird, wenn die Entwicklungen so weiterlaufen. Welches Ergebnis wünschenswert, welcher Zustand erhaltenswert oder wiederherzustellen wäre, kann sie nicht sagen – nicht einmal (was vielfach von ihr verlangt wird), wenn von der Belastung oder Vernichtung von Ökosystemen gesprochen wird: Die Ökosysteme sind keine Super-Organismen und sie haben keinen Soll-Zustand, den es zu erhalten gilt.

Die Ökologie befindet sich in genau derselben Lage wie die Physik, die Chemie oder andere Naturwissenschaften. Sie versuchen, die Natur des Lichts oder die Zusammensetzung der Stoffe zu ergründen, aber sie können nicht sagen, wieviel Licht sein soll oder wie eine Verbindung beschaffen sein muß. Das sind Ansprüche, die der Mensch stellt. Sie beinhalten Wertungen. Die Ökologie kann – und soll das auch! – für solche Wertungen die Befunde und die Grundlagen liefern, aber die Wertung selbst kann sie nicht vornehmen. Bezieht der Ökologe Wertungen in seine Befunde mit ein, verläßt die Wissenschaft ihren Bereich und tritt in die Gesellschaft ein. Das ist keineswegs falsch, im Gegenteil. Eine »reine Ökologie« ohne Bedeutung für den Menschen würde auch nicht der Sinn und Zweck der Naturforschung sein. Es geht vielmehr darum klarzumachen, daß die Natur von sich aus, von ihrem »So-Sein«, keine Vorgaben für den Menschen macht, daß sie »so« sein soll. Zudem verändert sie sich von sich aus, auch ganz ohne Zutun des Menschen.

Naturschutz ist also Wertung. Er bezieht eine moralisch-ethische Position. Die Ökologie liefert das Rohmaterial dazu; mehr nicht. Eine Begründung oder gar Rechtfertigung für eine wie auch immer geartete ethisch-moralische Position kann sie nicht vermitteln. Sie braucht das auch nicht, denn wie in vielen anderen Lebensbereichen des Menschen, in denen Regeln für das Zusammenleben und ethisch-moralische Grundhaltungen entwickelt worden sind, reichen die Bedürfnisse und Verantwortungsgefühle der Menschen aus, um ihre Berechtigung nachzuweisen. Aber es werden sich auch unvermeidlicherweise unterschiedliche Meinungen gegenüberstehen, was Wert und Bedeutung von Dingen oder Lebewesen betrifft. Gemischtköstler und Vegetarier oder Veganer haben alle ihre Berechtigung, und sie müssen wechselseitig die jeweils anderen moralischen Positionen anerkennen. Das gilt für den Naturschutz gleichermaßen. Er braucht keine Weltuntergangsszenarien oder drohende Systemzusammenbrüche heraufzubeschwören, um selten gewordene Arten unter Schutz zu bringen. Und er muß genausowenig oder genausostark wie die Freunde von Gemälden und Galerien, die Schätze der Kunst erhalten möchten, eine zusätzliche Begründung oder Berechtigung für den Schutz schöner, seltener oder besonders artenreicher Biotope vorbringen. In einer Hinsicht unterscheidet sich das Anliegen des Naturschutzes allerdings grundlegend vom Bewahrenwollen von Menschenwerk: Die Arten von Lebewesen sind nicht wiederherstellbar oder nach Belieben machbar. Es geht daher um die allgemeine, für die Menschheit verbindliche Grundforderung, das andere Leben zu erhalten, außer wenn es uns ganz unmittelbar bedroht!

Der Artenschutz ist daher das zentrale Anliegen des globalen Naturschutzes und Inhalt der von der Staatengemeinschaft der Erde eingegangenen Verpflichtung, die Biodiversität zu bewahren. Ausnahmen werden nur dann gemacht, wenn es sich um Krankheitserreger oder Parasiten des Menschen handelt, die sein Leben und sein Wohlergehen bedrohen. Kein Naturschützer wird etwas gegen die weltweite Ausrottung des Erregers der Pocken einzuwenden haben! Aber wie immer bei allgemeinen Absichten, Forderungen und Festlegungen steckt die Schwierigkeit im Detail. Warum sollen etwa gerade die armen Länder die Hauptlast der Artenerhaltung tragen, nur weil ihre Gebiete soviel artenreicher sind als die der Reichen? Warum soll gerade dieser Landwirt seine Bewirtschaftungsintensität einschränken und damit seinen Ertrag mindern, weil auf seiner Wiese seltene Orchideen wachsen? Warum gerade ich, wir und nicht die anderen?! Der Naturschutz versucht, in dieser Situation Begründungen für sein Vorgehen aus der Ökologie zu entlehnen.

Das kann durchaus angemessen, aber auch falsch sein. Angemessen ist die Vorgehensweise, wenn der Naturschutz nach den Ursachen für das Seltenerwerden oder Verschwinden von Arten forscht, um daraus seine Vorgehensweise ableiten zu können. Falsch ist es, wenn die Begründung in der Kurzformel so ausfällt: weil die Art für den Naturhaushalt oder für dieses Ökosystem gebraucht wird! Ökologie wird dabei schnell zum Ökologismus degradiert und mißbraucht!

Was sind aber nun die Gründe, daß sich der Naturschutz so sehr um den Fortbestand der Artenvielfalt sorgen und gegen den fortschreitenden Verlust an Biotopen vorgehen muß? Die Liste der Gründe kann lang ausfallen oder auch in

nur einem Wort zusammengefaßt werden: der Mensch! Er ist
der Verursacher der Naturbedrohung, er ist der Betriebsun-
fall der Evolution, der all ihre Schönheiten und Leistungen
nach und nach vernichten wird, bis er sich selbst vernichtet
und die Erde von diesem Geschwür befreit! Eine derart men-
schenverachtende Haltung, mag sie im Einzelfall auch verständlich erscheinen, bringt nicht nur nicht weiter, sondern
sie ist einfach falsch! Das zeigt allein der Hinweis auf die
zunehmende Artenvielfalt mit zunehmender Größe der
Städte. Daß Berlin in seinem Stadtgebiet einen Artenreichtum bei allen daraufhin untersuchten Gruppen von Tieren
und Pflanzen aufweist, der in die Qualitätsklasse hervorra-
gender Naturschutzgebiete fällt, ist genauso ein Gegenbei-
spiel, das nicht wegzudiskutieren ist, wie die Tatsache, daß
im dichtbevölkerten Indien durchaus eine grandiose Natur
einschließlich gefährlicher Großtiere – Tiger, Wildelefant
oder große Giftschlangen – überleben konnte. Indien wird
von uns sehr wohl zugemutet, ausreichend große Reservate
für Tiger zu erhalten, damit diese wunderschöne Großkatze
auch außerhalb von Gehegen in Zoos in »freier Wildbahn«
überleben kann! Wir hier in Deutschland wollen nicht einmal den harmlosen Luchs zulassen; vom Wolf ganz zu
schweigen!

Das eingangs genannte Beispiel, der Reichtum an großen
Säugetier- und Vogelarten in der ehemaligen DDR, bekommt nun Erklärung und seine Bedeutungsdimension. Es
waren und sind bei diesen Arten die Verfolgungen, die sie
ausgerottet oder hochgradig gefährdet haben, und nicht die
verschlechterten oder vernichteten Lebensbedingungen.
Deswegen klappte die Wiederkehr des Bibers so gut. Er war
ausgerottet worden und überlebte nur in winzigen Restvor-
kommen. An den Bächen, Flüssen und Seen im dichtbesie-
delten Mitteleuropa kann er, wie seine Wiederkehr im letzten Dritteljahrhundert gezeigt und bewiesen hat, ohne wei-

teres und durchaus gut leben. Der Fischotter könnte es gerades ogut mit seiner Wiederkehr schaffen, wenn er dürfte; der Luchs auch! Daß See- und Fischadler in Ostdeutschland nicht bloß überlebten, sondern trotz Umweltvergiftung und Schäden an Eiern und Nachwuchs durchkamen und eine spektakuläre Wiederkehr zustande brachten, liegt schlicht und einfach daran, daß sie nicht abgeschossen wurden und ihnen die Fische, die sie zum Leben brauchen, nicht geneidet wurden.

Der Fischadler – in derselben Art, wie sie in Mitteleuropa vorkommt – lebt auch an der amerikanischen Ostküste und brütet dort, wie weiland bei uns die Störche, auf Wagenrädern oder Nistkörben, die auf hohen Stangen angebracht sind, mitten im Siedlungsgebiet. Es gibt Horste direkt an Yachthäfen. Die Adler fangen die Fische zwischen den Booten, auf denen sich Pelikane niederlassen, und von den Fischern mit Fangabfall gefüttert werden! Welch ein Unterschied zu den Verhältnissen bei uns! Die jahrhundertelange Verfolgung und Bekämpfung fast aller größeren Tierarten hat hierzulande tiefe Spuren im Verhalten hinterlassen. Die wenigen Verbliebenen sind scheu, zurückgezogen und demzufolge selten.

Ein Fuchs, der wie in London oder Bristol am hellichten Nachmittag in einem Hausgarten herumläuft, sich auf der Terrasse zusammenrollt und ein Schläfchen hält, würde in Deutschland als »dringend tollwutverdächtig« sogleich abgeschossen werden. Wild und scheu zu sein, das halten wir bei den »Wildtieren« für normal. Wer sich vertraut verhält, muß krank sein oder als futterzahmer Verhaltenskrüppel sein Normalverhalten abgelegt haben.

Das ist die hierzulande vorherrschende Sicht der freilebenden Tierwelt – obwohl schon die Städte eindrucksvoll zeigen, daß das nicht so sein muß. Ihr Reichtum an Arten hängt nicht allein davon ab, daß sie so vielfältige Strukturen auf engem Raum aufweisen, sondern daß die Stadtbevölkerung auch ungleich tierfreundlicher als große Teile der Landbevölkerung eingestellt ist. Hier dürfen die meisten Tiere leben in dieser vom Menschen gemachten Welt! Draußen, wo die Landwirtschaft regiert und die Forstwirtschaft die Waldstrukturen vereinheitlicht hat, geht es den allermeisten Arten schlecht. Mehr als zwei Drittel aller gegenwärtig in ihren Beständen rückläufigen oder stark gefährdeten Arten Deutschlands sind von den Entwicklungen in der Landwirtschaft betroffen. Industrie und Verkehr machen nur wenige Prozent im Artenrückgang in Mitteleuropa aus. Mit zehn bis zwölf Prozent entfällt auf Jagd und Fischerei der zweitgrößte Teil.

Ist es bei der Jagd die direkte Verfolgung der aus ihrer Sicht offenbar zu bekämpfenden, kurzzuhaltenden oder an der Ausbreitung zu hindernden Arten, so wirken sich im Fall der Fischerei insbesondere die Besatzmaßnahmen, zum Teil mit fremden Fischarten, beeinträchtigend für die heimischen Arten aus. Die Lage verschärft sich, weil das Nahrungsangebot für Fische und andere Wassertiere dank der Abwasserreinigungsmaßnahmen immer stärker zurückgeht, ohne daß eine natürliche Nahrungsproduktion diesen Verlust ausgleichen würde oder könnte. Denn die Gewässer sind fast ausnahmslos mit chemischen Stoffen, insbesondere mit Nitrat, überfrachtet, aber an Strukturen durch Begradigung und Kanalisierungen so verarmt, daß die ursprüngliche Eigenproduktion an Kleintieren als Fischnahrung bei weitem nicht ausreicht! Es hatte gute Gründe, daß in früheren Jahrhunderten, als die Flüsse noch weitestgehend in ihrem Naturzustand flossen, so unglaublich viele Fische vorhanden waren: Die Abwässer aus den menschlichen Siedlungen hatten sie gedüngt und hochproduktiv gemacht. Die Landwirtschaft wirkt sich inzwischen weit stärker auf den Gewässerhaushalt aus als die frühere Wasserverschmutzung. Über das

Sickerwasser sowie über oberirdische Überschwemmungen gelangen Düngerstoffe und Pflanzenschutzmittel in die Gewässer und beinträchtigen die darin lebenden Arten und ihre Produktivität.

Noch stärker wirkt sie sich naturgemäß auf den direkt landwirtschaftlich genutzten Flächen aus. Dort hat sich über die letzten Jahrzehnte ein gewaltiges Überangebot an Stickstoff aufgebaut, das in der ersten Hälfte der neunziger Jahre durchschnittlich hundert Kilogramm Stickstoff pro Hektar und Jahr Überschuß verursachte. Extremwerte reichten bis zu etwa 200 Kilogramm Stickstoff pro Hektar und Jahr. Die Hauptwirkung dieser Nährstoffanreicherung war und ist für den Bereich des Naturschutzes der Rückgang der Artenvielfalt. Nur wenige stickstofftolerante Arten können mit diesem Überangebot zurechtkommen, etwa der Löwenzahn, der einmal im Jahr, inzwischen sogar im Herbst ein zweites Mal, mit seiner Massenblüte im Frühling Farbe in das Einheitsgrün bringt — als drastischer Ausdruck der Überdüngung. Stickstoff wurde zum Erstick-Stoff der Artenvielfalt und die Landwirtschaft damit zum Hauptverursacher der Arten- und Biotopverluste: nicht sosehr über die Gifte, die sie einsetzt, sondern durch die Überdüngung.

Ihr Wirken vergrößert sich über den Mechanismus der Europäischen Union und über den Export von landwirtschaftlichen Praktiken in alle Welt! Doch nicht nur bunte Blumen und gaukelnde Falter, die Lieder der Lerchen, die Rebhühner und Hasen, sind Opfer der Landwirtschaft geworden. Sie müßte längst als der bedeutendste Umweltbelaster eingestuft werden, denn ihre Auswirkungen bedrohen über das Grundwasser unser Trinkwasser, und die Vereinheitlichung der Produktionsflächen hat viel vom landschaftlichen Reiz und von der Schönheit der Kulturlandschaft genommen. Das trifft ganz unmittelbar die Menschenwelt — unsere Umwelt!

Umweltschutz ist angewandte Ökologie des Menschen, auf diese Kurzformel könnte man Anliegen und Begründung des Umweltschutzes bringen. Er deckt sich demzufolge in der Zielsetzung weit mehr als der Naturschutz mit der Arbeits- und Betrachtungsweise der Ökologie. Denn die Wertungen, die der Umweltschutz vornimmt, sind so konkret mit Standards, Vorsorgeüberlegungen oder mit Bedürfnissen des Menschen gefaßt, daß sie keiner moralisch-ethischen Wertung und keiner ästhetischen Dimension bedürfen. Entsprechend konkret sind auch die zugehörigen Gesetze, die in ihrer großen Mehrzahl echte Vorschriften darstellen – nicht bloß Absichtserklärungen wie beim Naturschutz. Wenn letzterer tatsächlich einmal auf konkrete Bestimmungen zu beziehen wäre, dann werden fast stets auch die Ausnahmen dazu geliefert, welche die Bestimmungen praktisch wieder aufheben. So nützt das der eigentlichen Zielsetzung des Naturschutzes wenig, wenn in der Verordnung zu einem Schutzgebiet seitenlang aufgelistet wird, was alles verboten und bei Verstößen dagegen mit Strafen belegt ist, wenn abschließend der lapidare Satz folgt: »Diese Einschränkungen gelten unbeschadet der rechtmäßigen Ausübung von Land- und Forstwirtschaft, Jagd und Fischerei.« Das Naturschutzgebiet ist damit praktisch entwertet. Ausgesperrt bleiben die an der Natur, ihren Lebewesen und ihrer Schönheit Interessierten. Die Naturnutzer können dagegen entweder uneingeschränkt, und oft (in Deutschland, von seltensten Ausnahmen abgesehen) unkontrolliert ihre Nutzungen weiterführen.

Beim Umweltschutz ist das anders, auch wenn es immer noch zu viele Ausnahmen und Schlupflöcher gibt. Da können die festgelegten Normen etwa zur zulässigen Schadstoffbelastung am Arbeitsplatz, so sie konkret nicht erfüllt werden, vom Betroffenen eingeklagt werden. Oder es gibt harte Auflagen bei Bau- und Betriebsgenehmigungen, deren Erfüllung viel Geld kostet oder manche Projekte allein deswegen unmöglich macht. Hierin drückt sich aus, worum es sich bei der Grundstufe der Ökologie, der »Autökologie«, handelt. Sie war bislang noch nicht weiter behandelt worden, weil der Bezug auf den Menschen am leichtesten offenlegt, worum es bei dieser Stufe der Ökologie geht. Im Zentrum befindet sich eine Art, sie hat ihre spezifische Umwelt, ihre Ansprüche und im Fall des Menschen auch ihre vielleicht mit anderen Interessen konkurrierenden Vorstellungen. Der Naturschutz kann durchaus dazu gerechnet werden, denn wir sind es, die nicht wollen, daß der Große Panda ausstirbt, daß die Regenwälder der Tropen vernichtet werden oder keine bunten Falter mehr über den Frühlings- und Sommerwiesen fliegen. Nicht die Rehe oder Forellen wollen das. Wir finden bestimmte Landschaften großartig und erhaltenswert, und wir möchten, daß auch die Enkel noch lebende Maikäfer zu sehen bekommen, auch wenn dieser Käfer vor einem Jahrhundert noch große Schäden angerichtet hat. Wir wollen saubere Luft, zum Trinken oder Schwimmen geeignetes Wasser, keine Gifte in unserer Nahrung und Stoffe im Haushalt oder am Arbeitsplatz, die keine Allergien auslösen. Wir fühlen uns vom Lärm angegriffen, von zu vielen Menschen auf zu wenig Raum bedrängt, und wir bevorzugen die individuelle Beweglichkeit des Autos und wünschen uns schöne, erholsame Ferien. Und, und, und ... die Wunsch- und Bedürfnislisten sind lang. Sie hängen von den wirtschaftlichen und politischen Verhältnissen ab, in denen die Menschen leben, und sie sind beeinflußt von Bildungsstand und Wissen. Unsere Umwelt empfinden wir als höchst komplexes, über die »Natur« hinausgehendes System und deswegen meinen die meisten wohl auch, daß Naturschutz allein den Bedürfnissen des Menschen nicht genüge.

Wir wollen nicht nur mehr, wir brauchen mehr. Unser Wohlergehen hängt ab von der Wirtschaft und ihrer Entwicklung, Ökonomie ist uns nicht gleich Ökologie. Aber auch in dieser Hinsicht gleichen wir durchaus den anderen Lebewesen. Jedes strebt danach, seine Möglichkeiten zu nutzen und auszubauen. Das geht nur auf Kosten anderer. Wir können keinen Schritt machen, ohne ein anderes Lebewesen zu beeinträchtigen oder zu zerstören: Wir essen Lebewesen oder Produkte davon, wir atmen Luft, verbrauchen dabei Sauerstoff und geben Kohlendioxid ab. Unser Energieumsatz übertrifft um ein Vielfaches den sogenannter natürlicher Ökosysteme. Wir leben von der fernen Vergangenheit, indem wir Erdöl und Kohle als Energiequellen verbrauchen, die vor mehreren Hundert Millionen Jahren von Pflanzen gebildet worden sind. Wir waren in diesem Sinn nie »im Einklang mit der Natur« sondern stets Nutzer. Nur konnten wir früher längst nicht soweit gehen wie heute.

Aber in einer Eigenschaft unterscheiden wir uns aller Wahrscheinlichkeit nach von den übrigen Lebewesen: Wir können über unser Tun nachdenken und für die Zukunft vorsorgen. Wir leben nicht mehr in den Tag hinein. Damit hat der Umweltschutz eine weitere, ganz wesentliche Dimension, die den Beziehungen der einzelnen Arten von Lebewesen zu ihrer Umwelt fehlt: die Vorsorge. Umweltschutz ist auch Vorsorge für die Zukunft und nicht nur das Verhindern oder Reparieren von Schäden in Gegenwart und Vergangenheit. Die Kontrolle für die Art Mensch und für die zahlreichen Populationen, die unsere Art bilden, haben wir der Natur abgenommen. Wir handeln in Eigenregie. Deshalb reichen Grenzwerte und Vorschriften nicht, wenn sie sich nur am gegenwärtigen Zustand orientieren und das Fortwirken im System, in unserem Fall im Ökosystem der ganzen Erde, in der Biosphäre, außer acht lassen.

Die Landwirtschaft ist das vielleicht erschreckendste Beispiel. Zum größten Umweltbelaster und Artenvernichter weltweit geworden, machen die Beteiligten im wesentlichen das, was sie seit der Erfindung der Landwirtschaft in der neolithischen Revolution vor zehntausend Jahren gemacht haben: dem Boden Nahrung abzuringen, Produktion für die Art Mensch! Aber da wir von Überschüssen leben und nicht im Gleichgewicht mit der Natur stehen können – in einem Gleichgewicht, das sich in sich selbst trägt –, sondern mit Ungleichgewichten wirtschaften, haben wir nicht bemerkt, wie sehr wir uns von den natürlicherweise »tragbaren« Ungleichgewichten entfernt haben. Der im Überschuß benutzte Stickstoff und die anderen, mit hohem Energieaufwand hergestellten oder über die halbe Erde transportierten Produktionsmittel wurden aus der Ökonomie herausgenommen und die damit verbundenen Lasten »auf die Natur abgewälzt« (externalisiert). Kaum jemand bemerkt gegenwärtig in Deutschland, daß er sehr hohe Gebühren für die Abwasserentsorgung zu bezahlen hat, weil teuere Kläranlagen gebaut werden mußten, um die Flüsse und Seen von den Abwässern zu entlasten, während die Landwirtschaft ihre Gülle frei ausbringen kann und damit und mit den Mineraldüngern und den Pflanzenschutzmitteln Boden, Wasser und Luft äußerst massiv belastet. Für die Abwasserentsorgung aus der Viehhaltung haben die Landwirte nicht zu bezahlen, auch nicht für die Aufbereitungskosten zur Trinkwassergewinnung. Sie könnten es auch längst nicht mehr: Würden für sie die gleichen Vorschriften und Standards wie für den Normalbürger gelten – fast alle Betriebe der mitteleuropäischen Landwirtschaft wären unweigerlich bankrott.

Dennoch werden wir nicht darum herumkommen, die Art der landwirtschaftlichen Bodennutzung grundlegend zu verbessern. Alle anderen Anstrengungen, die Lebensbedingungen für die Zukunft zu sichern und die Qualität in der Gegenwart zu verbessern, wären ansonsten zum Scheitern verurteilt. Das System, in dem wir leben, läßt keine Sonderwege und privilegierte Behandlung zu. Betroffen sind wir

alle! Deshalb sind die Klagen des Naturschutzes, daß so viele
Arten aussterben oder bei uns in Mitteleuropa zunehmend
seltener werden, nicht nur berechtigt, sondern das, was Tier
und Pflanzen anzeigen, ist der Spiegel des Zustands unserer
Umwelt. Sie sind, ungewollt, denn das müssen sie einfach so
hinnehmen, die lebenden Meßinstrumente für die Umweltbelastungen, die der Mensch verursacht, »Bioindikatoren«.
Hier brauchen wir keine zusätzlichen ethischen oder ästhetischen Begründungen mehr, denn mit ihrem Verschwinden
geht es ganz unmittelbar um uns! Das hätte klargemacht
werden müssen, als die langjährigen Debatten um das Wald-
sterben mit allen Kontroversen gelaufen sind. Schaden von
uns Menschen in die Luft gebrachte Stoffe dem Wald, so
heißt das doch, daß auch wir selbst unmittelbar betroffen
sind! Unsere Lungen sollten uns näher sein als der Holzwert
der Bäume. Was an Umweltverschmutzung in den ehemaligen Ostblockstaaten passierte, erscheint der heutigen Gene-
ration unfaßlich. Warum sind dort nicht längst alle Arten
ausgestorben? Hierin drückt sich die Gefahr aus, wenn wir
allzu leichtfertig andere Organismen vorschieben, um Umweltbelastungen anzuprangern. Die meisten von ihnen leben
bei weitem nicht so lange wie wir Menschen (leben wollen).
Sie pflanzen sich schneller als wir fort und überwinden damit
manch schwere Beeinträchtigung.

Aus unserer Sicht zählt der Bestand der Arten, ihr Fortbestand, seine Entwicklung! Das Einzeltier, die Einzelpflan-
ze, sie sind uns nicht so wichtig. Nur für eine Auswahl von
größeren Tierarten engagieren sich Tierschützer. Sie wollen
ihnen Schaden oder Leiden ersparen und fordern für Tiere
artgerechte Haltungsbedingungen oder, etwa für die nächsten Verwandten von uns, die großen Menschenaffen, auch
eine Form von menschlichen Grundrechten. Aber das ist die
Ausnahme und die Verfechter des Rechts für Tiere werden oft
genug mehr belächelt als ernst genommen. Das Privileg der

Individualität wollen wir Menschen für uns selbst beanspruchen. Deshalb machen wir einen so grundlegenden Unterschied, ob von Umweltbelastungen, von Giften oder von zuviel Stickstoff in Boden und Nahrung, ein Mensch als Individuum betroffen ist oder irgendwelche Tiere. Bei diesen reicht es uns, wenn sich die Art wieder erholt, wie die Wanderfalken von den Schäden, welche die Rückstände des Insektenbekämpfungsmittels DDT in ihrem Fortpflanzungsgeschehen – und nicht nur bei ihnen, sondern bei vielen anderen Vogelarten – angerichtet hatten. Für uns Menschen dagegen zählt das Individuum in jeder Hinsicht – in seinen Ansprüchen wie in seiner Belastung oder Gefährdung! Deshalb fällt es uns so unendlich schwer, als Individuen uns so zu verhalten, wie es für die Art Mensch, für ihr Überleben und für ihre Zukunft gut wäre.

Das Individuelle ist uns nicht nur näher, sondern unvergleichlich wichtiger. Wir leben hier und jetzt, wollen das beste daraus machen, und was kümmert uns die Zukunft, wenn sie uns Einschränkungen abverlangen würde. Nur über Strafen, welche die Gemeinschaft verhängt, sind die Individuen bereit, sich einigermaßen an Spielregeln und Notwendigkeiten zu halten. Aber Strafen werden nur verhängt, wenn unmittelbare Folgen aus dem Fehlverhalten entstehen. Düngt der Landwirt zuviel, viel zuviel (weil die Düngemittel viel zu billig sind im Vergleich zu den Folgekosten und -schäden, die sie verursachen), so wachsen Getreide und Gras oder die anderen Feldfrüchte bloß schneller und dichter, aber das Land bleibt grün; strotzend vor Kraft! Daß in der zu dicht gewordenen Masse von Gras die aus dem Ei geschlüpften Kiebitze oder Rebhühner steckenbleiben und es den Junghäschen zu naß und zu kalt wird, daß mit der Zeit keine bunten Blumen mehr blühen und keine Schmetterlinge, von den Kohlweißlingen abgesehen, mehr fliegen, bezieht niemand auf das Jahr für Jahr ansteigende Mißverhältnis zwischen

Düngergabe und Entzug durch die Ernte. Der Landwirt lebt schließlich vom Ertrag und dieser muß gesichert werden. Derart schleichende Entwicklungen sind in den Auswirkungen ungleich risikoreicher als der spektakuläre Einzelfall, etwa die beabsichtigte Versenkung der ausgedienten Bohrinsel Brent Spar oder der Bau des Main-Donau-Kanals. Solche »Eingriffe in den Naturhaushalt« sind unbedeutende Kleinigkeiten im Vergleich zu den flächenwirksamen Überdüngungen, den großflächigen Rodungen in den Tropen, den gewaltigen Bränden, die Jahr für Jahr in den Trockenzeiten die Savannen heimsuchen und über die kaum jemals berichtet wird, während ein paar Kubikmeter augenreizendes Schwefeldioxid, die irgendwo entkommen, es wert erscheinen, in den Abendnachrichten im Fernsehen kommentiert und als Umweltskandal behandelt zu werden.

Diese Tendenz scheint irgendwie in unserer Natur zu liegen. Die schleichenden Auswirkungen des Rauchens von Zigaretten, denen sich nicht einmal Mediziner ganz entziehen können, geschweige denn die Abgeordneten im Parlament, die es trotz der Faktenlage besser wissen müßten, unterliegen dem gleichen Desinteresse, während der einzelne Unfall auf der Autobahn in den Medien groß gebracht wird. Aufgegriffen wird bekanntlich das, was »sensationell« erscheint. Auf der Strecke bleiben die Entwicklungen, die irgendwann so gut wie nicht mehr unter Kontrolle zu bringen sind. Der Umweltschutz sieht sich dieser Problematik gegenüber. Von vielen, nach wie vor der Überzahl, wird er verteufelt, und man versucht, mit allen möglichen, oft höchst fadenscheinigen Begründungen seine Notwendigkeit zu umgehen, obwohl seine Zielsetzung für alle gut und richtig wäre. Was könnte uns und unseren Nachfahren lieber sein als gesunde Böden, sauberes Wasser, gute Luft und eine vielfältige, artenreiche Natur, die Nutzen mit Freude und Erholung verbindet.

In diesem Sinne kann die Ökologie tatsächlich Vorgaben machen und Maßstäbe setzen. Sie kann voraussagen, welche Auswirkung die Reinigung der häuslichen Abwässer, die uns so viel kostet, haben wird, wenn sie nicht gleichzeitig auch die der Landwirtschaft umfaßt. Sie kann ermitteln, ob die Beschränkung der persönlichen Benutzung von Kraftfahrzeugen einen substantiellen Beitrag zu Erhaltung der Zusammensetzung der Gase in der Erdatmosphäre leistet oder ob ein derartiges Bemühen durch das aus den Rindermägen entweichende Methan außer Kraft gesetzt wird, da dieses rund zwanzigmal wirkungsvoller als »Treibhausgas« ist. Sie kann Kosten-Nutzen-Analysen anstellen, um aufzuzeigen, ob sich eine Maßnahme im Hinblick auf Schonung der natürlichen Biotope lohnt oder ob die Kosten zu hoch ausfallen im Hinblick auf den Ertrag. Sie kann die möglichen oder günstigen Quoten für die Nutzung von Tierbeständen ermitteln – und sie hat in dieser Hinsicht schon Immenses geleistet. Kaum eine Wissenschaft war und wäre dem Menschen so dienlich wie die Ökologie.

Wenn sich die Entscheidungsträger wegen zu starker politischer Einflußnahme von Interessengruppen dann doch nicht zu den richtigen Entscheidungen durchringen konnten und nicht nur faule, sondern falsche Kompromisse eingingen, ist das gewiß nicht der Ökologie anzulasten. Sie hat dadurch ihren Anspruch, eine objektivierbare Naturwissenschaft zu sein, nicht verloren.

Wird sie hingegen, wie das in den vergangenen drei Jahrzehnten zunehmend der Fall war, zu einer politischen Bewegung und Lebenshaltung, so ist sie ein Ökologismus, in dem, wie in jedem anderen Ismus auch, der Glaube das Wissen ersetzt und die vorab festgelegte Zielsetzung mit selektiv passenden »Befunden« begründet wird. Das muß gar nicht in übler Absicht geschehen. Viele Anhänger der Ökologie-Bewegung werden gewiß von den besten moralischen Beweggründen getrieben. Die Zukunft haben sie im Blick, das Wohl der Menschheit ist ihr Ziel – und zwar nicht das einiger weniger, die sich auf Kosten vieler anderer ein schönes Leben machen. Dennoch macht es einen grundlegenden Unterschied, ob Schlüsse aus Fakten gezogen werden, die überprüfbar sind, oder ob Meinungen und Vorurteile hinter den Vorgehensweisen stecken.

Eine Herausforderung, der sich weder Naturschützer noch Anhänger der Ökologie-Bewegung bislang in angemessener Weise gestellt haben, ist das Phänomen des tendenziell eher zunehmenden Artenreichtums in den Städten. Daß zwei Drittel aller überhaupt in Mitteleuropa als Brutvögel vorkommenden Arten auch – und viele davon in beachtlichen Beständen – in Großstädten leben, will nicht so recht ins vorgefaßte Konzept von der Unwirtlichkeit der Städte passen. Konsequenzen will man aus diesen Befunden lieber nicht ziehen. Eher ist man bereit, auf überdüngten und mit Pestiziden versetzten Böden sich entwickelndes Grün zu verteidigen, und das in Landschaften, die schon lange nicht mehr die Bezeichnung »Kultur«landschaft verdienen. Oder gegenwärtige und neue Nutzungsformen der Natur werden automatisch als schlecht und bekämpfenswert eingestuft, neu eingewanderte Arten als Arten zweiter Klasse, als Fremdlinge, die am besten ausgemerzt werden sollten, wenn sie von selbst nicht wieder verschwinden, während frühere Formen der Nutzung als »besonders wertvoll« erachtet werden und erhalten bleiben sollen. Hierin wird deutlich, wie sehr die Zeit mitmischt: nicht als »Faktor«, denn sie bewirkt nichts, sondern als Gewöhnungsfaktor, der dazu führt, daß das, was man in der Kindheit kennengelernt hat, als das bessere oder das richtigere eingestuft wird, während alles Neue, jede Veränderung von vornherein schlecht sein muß und so empfunden wird, weil sie vom geprägten Bild wegführt. So machen wir uns selten, zu selten, klar, daß unsere heutige

Lebensweise weder die beste noch die schlechteste von allen möglichen ist und daß es vorher schon zahlreiche Zeiten gegeben hat, die als »gute alte Zeit« apostrophiert verklärt bleiben, obwohl es sich dort wahrscheinlich sehr viel weniger gut als in der Gegenwart lebte. Umweltschutz kann daher keine absolute und unverrückbare Vorgabe für einen bestimmten Umgang mit der Natur sein. Er ist zeitbezogen, und seine Ansprüche, Erwartungen und Festlegungen hängen von den sozioökonomischen und politischen Rahmenbedingungen ab. Sie, und nicht die Ökologie, nicht die Natur, legen fest, was sein soll! Eine solcherart verstandene Ökologie ist ein gutes Werkzeug zur Bewältigung von Umweltproblemen und Zukunftsfragen. Vielleicht ist sie die wichtigste Entdeckung des menschlichen Geistes. Denn wir haben zum Leben aller Voraussicht nach nur diese eine Welt.

Glossar

Anpassung
Eigenart oder Besonderheit eines Lebewesens, die in Zusammenhang mit einer bestimmten Lebensweise oder einer bestimmten Nutzung des Lebensraumes steht. So sind die verschiedenen Körperformen der Fische Ausdruck dafür, in welchen Gewässern und unter welchen Strömungsverhältnissen sie leben. Die Flügelform der Vögel gibt Aufschluß darüber, welche Flugleistungen sie erbringen können, etwa hohe Fluggeschwindigkeiten mit schlanken, »schnittigen« Schwingen oder hohe Wendigkeit mit kurzen, breiten Fittichen.

Art
Zu einer Art gehören all jene Lebewesen, die sich untereinander fortpflanzen können und dabei Nachkommen erzeugen, die selbst wieder fortpflanzungsfähig sind. So gehören Pferd und Esel zu zwei verschiedenen Arten, auch wenn es mit Maultier beziehungsweise Maulesel Kreuzungen zwischen beiden gibt; aber diese können sich nicht mehr fortpflanzen. Viele Arten unterscheiden sich durch äußere Merkmale oder Verhaltensweisen mehr oder minder deutlich. Die Art ist die Grundeinheit unter den Lebewesen, ihr Erbgut unterscheidet sich von dem anderer Arten viel stärker als bei Rassen innerhalb derselben Art.

Autökologie
Steht ein bestimmtes Lebewesen (eine Art) im Zentrum der ökologischen Betrachtung, die Frage nach den Anpassungen dieser Art an ihre Umwelt oder nach ihren Leistungen, so wird dies wissenschaftlich als Autökologie bezeichnet. Zumeist fallen auch Untersuchungen zur »physiologischen Ökologie« unter diesen Be-

griff – also beispielsweise, wie eine Pflanze auf Veränderungen des Salzgehalts im Boden oder auf Verbesserung der Nährstoffzufuhr reagiert. Die Autökologie des Menschen bezieht sich weitgehend auf Umweltschutz.

Biom

Großlebensräume wie Steppen, Hochgebirge, tropische Regenwälder oder Korallenriffe werden als Biome bezeichnet. Diese Großlebensräume entsprechen im wesentlichen den Klimazonen auf dem Land und im Meer.

Biotop

Lebensräume oder Lebensstätten werden in der Ökologie als Biotope bezeichnet. Gemeint sind dabei nicht nur die natürlichen oder naturnahen, sondern alle unterscheidbaren Ausschnitte aus der Erdoberfläche, auf denen Lebewesen vorkommen. So ist auch ein (begrüntes) künstliches Flachdach ein Biotop, nicht nur ein natürliches, wie ein Hochmoor.

Biozönose

Heute weniger gebräuchliche Bezeichnung für eine Gemeinschaft von Arten, die in einem bestimmten Biotop zusammenleben («zusammmen speisen«, wie es die griechisch-lateinische Form ausdrückt). Biozönose und Biotop werden zum »Ökosystem« zusammengefaßt.

Demökologie

Selten benutzter Ausdruck für den Sonderbereich der Vorgänge in Beständen von Arten (Populationen): wie sie sich verändern, intern oder von außen reguliert werden und vielleicht auch genutzt werden können. Gebräuchlicher ist die Bezeichnung Populationsökologie.

Destruenten
Meist mikroskopisch kleine Lebewesen, die organische Stoffe oder
Reste von toten Pflanzen und Tieren zersetzen und abbauen, bis
diese schließlich wieder in die anorganischen Grundstoffe zerlegt
sind. Bakterien und Pilze bilden die bedeutendsten Mitglieder von
Destruenten, aber es kommen, vor allem im Humus, auch sehr
viele Kleintiere zu dieser Gruppe hinzu. Nur wenn die Destruenten pro Jahr genausoviel abbauen, wie die Produzenten, die grünen Pflanzen, aufbauen, ergibt sich eine ausgeglichene Bilanz: ein
seltener Zustand.

Energiefluß
Alle Lebewesen brauchen für ihre Lebenstätigkeiten Energie. Die
Menge an Energie, die pro Zeiteinheit durch ein Ökosystem
»fließt«, wird als Energiefluß bezeichnet. Er treibt das Geschehen
im Ökosystem an, wie der Treibstoff im Motor die Maschine.

Gleichgewicht
Die Vorstellung vom »ökologischen Gleichgewicht« oder
»Gleichgewicht im Haushalt der Natur« ist zwar sehr attraktiv,
aber die Wirklichkeit zeigt viel mehr Ungleichgewichte. Die Verfechter der Gleichgewichtstheorie behelfen sich mit Formu-
lierungen wie »Fließgleichgewicht«, und sie meinen, der Naturhaushalt wäre dann in Ordnung, wenn sich alle Vorgänge letztendlich ausgleichen. Störer des natürlichen Gleichgewichtes ist in
aller Regel der Mensch, aber auch Naturkatastrophen können verantwortlich sein. Leider entzieht sich das ökologische Gleichgewicht der Meßbarkeit, und so findet jeder für sich seine Wunsch-
vorstellung vom Gleichgewicht, etwa mit vielen Hasen, Fasanen
und Rehen in der Flur, aber wenig oder keinen Habichten, Luch-
sen, Füchsen oder anderen Raubtieren.

Habitat

Aus dem Englischen übernommene Bezeichnung, mit der der besondere Lebensraum einer bestimmten Art benannt wird und nicht, wie beim Biotop-Begriff, der einer Lebensgemeinschaft von Arten. Amerikanische Ökologen haben Habitat mit »Adresse einer Art« umschrieben, unter der sie in der Natur zu finden sei.

Konkurrenz

Sind zwei oder mehr Arten von denselben Lebensgrundlagen abhängig, geraten sie unweigerlich in Konkurrenz zueinander, wenn diese Lebensgrundlagen begrenzt sind. Die Konkurrenz äußert sich darin, daß sich die Konkurrenten entweder spezialisieren und so auf Teilbereiche ausweichen, unterschiedliche Lebensräume besiedeln oder zeitlich unterschiedlich die Lebensgrundlagen nutzen. Zwei Typen von Konkurrenz sollte man unterscheiden: die direkte, auch Interferenz genannt, bei der die stärkere (größere, kräftigere) Art die schwächere zurückdrängt, und die indirekte, die Exploitation, bei der die eine Art schneller oder geschickter das Angebot nutzt, obwohl sie die schwächere ist. Mathematiker haben wunderbare Gleichungen entwickelt, die festlegen, unter welchen Bedingungen zwei verschiedene Arten miteinander koexistieren können, auch wenn sie Konkurrenten sind. Aber die Natur scheint sich nicht besonders gut an mathematische Vorschriften zu halten. Die stärkste Konkurrenz tritt natürlich innerhalb derselben Art (intraspezifische Konkurrenz) auf, weil die Angehörigen einer Art einander besonders ähnlich in der Nutzung der Lebensgrundlagen sind. Die zwischenartliche (interspezifische) Konkurrenz ist gemildert und mitunter kaum noch zu erkennen, wenn sich die Arten spezialisiert haben.

Konsumenten

Verbrauchergruppe in einem Ökosystem, zumeist die größeren Tiere. Diese bilden ausgehend von der Nutzung der pflanzlichen Produktion mehr oder minder ausgeprägte Nahrungsketten.

Nahrungsketten, Nahrungsnetze

Verzehrt ein Wasserfloh eine kleine Alge aus dem Plankton und wird er selber von einem größeren Lebewesen, etwa von einem kleinen Fisch, und dieser wiederum von einem größeren verzehrt, der im Magen eines Kormorans landet oder den ein Angler aus dem Wasser holt, so hat sich eine Nahrungskette entwickelt. Sie gibt die von den Pflanzen hergestellte Nahrung (organische Stoffe) über bis zu fünf Stufen weiter. Da sich nur wenige Arten streng an Ketten halten, die meisten dagegen da und dort naschen oder ihr Futter suchen, entstehen normalerweise regelrechte Nahrungsnetze.

Naturschutz

Hat den Schutz der Natur mit all ihren Arten, Besonderheiten und Schönheiten zum Ziel, und zwar um der Natur selbst willen, aber auch zum Nutzen und zur Freude und Erholung des Menschen. Dazu bedient sich der Naturschutz auch der Ökologie, aber diese sagt ihm nicht, was sein soll oder wie es sein soll, sondern sie kann nur Mittel und Wege aufzeigen, ein bestimmtes Ziel zu erreichen.

Nische

Die Umweltbeziehungen einer Art bilden in ihrer (schwer erfaßbaren) Gesamtheit die ökologische Nische dieser Art. Man nennt sie auch den Platz der Art im Haushalt der Natur oder (in Amerika) den Beruf der einzelnen Arten, den sie im Naturhaushalt ausüben. Leider ist die Nische nicht bloß eine Ecke, in der sich jede Art unterbringen ließe. Das zeigt sich vielfach am ganz unerwarteten Vorkommen von Arten an Plätzen, wo man sie nicht vermutet hätte oder wo sich nicht vorkommen »dürften«. Generell sind warmblütige Vögel und Säugetiere in der Wahl ihrer Lebensräume weit weniger »nischengebunden« als Insekten, andere Kleintiere oder Pflanzen, die sehr stark in ihrem Vorkommen und in ihren Häufigkeiten von den Umweltbedingungen abhängen.

Ökologie

Ist die Lehre vom Haushalt der Natur. Sie sollte eine Wissenschaft sein und bleiben und nicht zur Weltanschauung gemacht werden, denn sie kann nicht mehr als feststellen, was ist, was sich verändert und wie es sich verändert; sie kann aber nicht festlegen, was sein soll!

Ökosystem

Das Zusammenwirken von Lebewesen mit ihrer Umwelt bildet das Ökosystem. Es ist jedoch nicht von Natur aus festgelegt, begrenzt oder zentral gesteuert und damit auch nicht ähnlich einem »Super-Organismus«.

Primärproduktion

Die Produktion der grünen Pflanzen aus anorganischen Grundstoffen bildet die Primärproduktion in den Ökosystemen, von denen sich die Konsumenten ernähren und die schließlich von den Destruenten wieder abgebaut werden.

Produzenten

»Erzeuger« von weiter verwertbaren Stoffen in Ökosystemen. Die wichtigsten sind an Land und im offenen Meer die grünen Pflanzen, in besonderen Lebensräumen spielen aber auch ohne Sonnenlicht produzierende Bakterien (Chemosynthese) eine wichtige Rolle.

Population

Gesamtheit der Angehörigen einer Art in einem bestimmten Gebiet, in dem sie miteinander Kontakt haben. Die meisten Arten teilen sich in eine Vielzahl von Populationen auf.

Populationswachstum

Veränderung des Bestandes einer Population über die Zeit. Die Änderungen vollziehen sich zumeist exponentiell (Zunahmen wie auch Abnahmen) und werden, je nach Typ des Wachstums, mehr oder weniger stark durch die Umweltkapazität begrenzt. Arten, die dem »K-Typ« angehören, regulieren ihre Bestandsentwicklung verhältnismäßig gut selbst und bleiben zumeist unter der Umweltkapazität, während »r-Typen« oft darüber hinausschießen und eine Folge von Zusammenbrüchen und wieder raschem Anwachsen durchlaufen.

Recycling
Wiederverwertung von Stoffen in Kreislaufprozessen, in der Natur zwar sehr häufig, aber meist unvollständig.

Reduzenten
Andere Bezeichnung für Destruenten: Abbauer, zumeist Pilze und Bakterien.

Stoffkreislauf
Austausch von Stoffen in Ökosystemen durch Wiederverwertung (Recycling).

Synökologie
Bereichsgebiet der Ökologie, die sich mit Lebensgemeinschaften befaßt.

Trophie
Nährstoffverhältnisse in Ökosystemen: Sind Nährstoffe reichlich vorhanden, spricht man von einem eutrophen Lebensraum, sind sie knapp, von einem oligotrophen. Der mesotrophe Zustand liegt dazwischen und neigt stärker als die beiden anderen dazu, sich in die eine oder in die andere Richtung zu verändern.

Umwelt
Ist der für ein bestimmtes Lebewesen bedeutsame Teil der Außen-welt, mit dem er in Beziehung oder in Wechselwirkung steht. Für

den Menschen ist der ganze Planet Erde »Umwelt« – sein Haus (oikos), in dem er leben und worin er zurechtkommen muß.

Umweltschutz
Soll dafür sorgen, dem Menschen eine lebenswerte, nicht belastende, sondern leistungsfähige und gesunde Umwelt zu erhalten oder wiederherzustellen.

Weitere Literatur

Aus der Fülle der populärwissenschaftlichen und wissenschaftlichen Literatur zur Ökologie fällt es schwer, eine geeignete Auswahl zu treffen. Sie wird zwangsläufig recht persönlich ausfallen. Gern und viel benutzt habe ich – auch für meine Vorlesungen über Ökologie und Naturschutz an der Technischen Universität München – folgende deutschsprachige Bücher:

Nachschlagewerke, Daten und Quellensammlungen

Altenkirch, W.: Ökologie. Reihe »Studienbücher Biologie«, Diesterweg, Salle, Frankfurt am Main, 1977.
Knappe, klare und übersichtliche Zusammenstellung ökologischer Fachbegriffe und Konzepte für deren richtige Anwendung.
Heinrich, D. und Hergt, M.: dtv-Atlas zur Ökologie, dtv, München, 1990.
Eine Fülle von Material auf engstem Raum und dennoch übersichtlich gegliedert, unentbehrlich als Nachschlagewerk.
Kalusche, D.: Ökologie in Zahlen, Eine Datensammlung mit über 10 000 Einzelwerten, G. Fischer Verlag, Stuttgart, 1996.
Moderne, grundlegende Daten- und Faktensammlung zur Ökologie, sie zeigt, was man eigentlich schon alles weiß, erfaßt hat, aber kaum oder nicht benutzt! Ökologie wird darin als exakte Naturwissenschaft verdeutlicht.

Lehrbücher, Grundeinführungen

Odum, Eugene P.: Grundlagen der Ökologie, 2 Bände, Thieme Verlag, Stuttgart, 1980.
Über 800 Seiten umfassendes, weltweit verbreitetes und in viele Sprachen übersetztes, »klassisches« Werk des bekannten amerikanischen Ökologen. Fachbuch für Universitäten und für tiefergehendes Selbststudium.

Remmert, H.: Ökologie. Ein Lehrbuch, Springer Verlag, Berlin, 1990.
Bekanntes, mehrfach aufgelegtes und in mehrere Sprachen übersetztes Ökologie-Lehrbuch mit eigenem Stil. Primär für Hochschulen.

Gewässerökologie (Limnologie)
Lampert, W. und Sommer, U.: Limnoökologie, Thieme Verlag, Stuttgart, 1993
Nicht nur für die Limnologie als moderne Einführung mit Niveau zu bezeichnen, sondern gleichzeitig eine anspruchsvolle allgemeine Ökologie, die klar ausdrückt, was Wissenschaft und was Spekulation ist.

Globaler Überblick
Nisbet, E. G.: Globale Umweltveränderungen. Ursachen, Folgen, Handlungsmöglichkeiten, Spektrum, Heidelberg, 1994.
Anspruchsvolle, aber gut lesbare Global-Ökologie mit viel Bezug zu Umweltschutz und -vorsorge. Es geht darin auch um Klima, Energie und Politik.
Schulz, J.: Die Ökozonen der Erde, 2. Auflage, Ulmer, Stuttgart, 1995.
Umfassende Einführung in die geographische Ökologie, die Verteilung der Lebenszonen (Biome) auf der Erde und der Bedingungen, die für die Großlebensräume maßgeblich sind.

Geschichte der Ökologie
Trepl, L.: Geschichte der Ökologie, Athenum, Frankfurt am Main, 1987.
Ökologie entwickelt sich wie jede andere Wissenschaft auch. Ihren Weg von der Gründung bis in die Gegenwart zeichnet diese lesenswerte Zusammenstellung nach, die auch manche Zusammenhänge verständlich macht.

Teilbereiche

Leser, H.: Landschaftsökologie, Ulmer, Stuttgart, 1976.

Einführung in diesen weitgehend »angewandten Zweig der Ökologie«, als Begleiter fürs Studium bestens geeignet, aber auch nötig für die Praxis in Behörden, die sich mit Ökologie befassen (sollten).

Mühlenberg, M.: Freilandökologie, Quelle & Meyer, Heidelberg, 1976.

Zusammenstellung der Methoden und Vorgehensweisen bei der ökologischen Freilandforschung, eine Ernüchterung für all jene, die meinen, die Zusammenhänge durch Betrachtungen der Natur erfassen zu können.

Reichholf, Josef H.: Der Tropische Regenwald. Ökobiologie des artenreichsten Naturraums der Erde, dtv, München, 1990.

Warum so viele Arten im Tropischen Regenwald leben und warum sie so selten und so gefährdet sind, behandelt diese Einführung, und sie vermittelt Einblicke in das Zusammenwirken von Ökologie und Evolution.

Stadtökologie

Klausnitzer, B.: Ökologie der Großstadtfauna, G. Fischer Verlag, Stuttgart, 1993.

Reichholf, Josef H.: Siedlungsraum. Zur Ökologie von Dorf, Stadt und Straße, Mosaik Verlag, München, 1989.

Sukopp, H., Herausgeber: Stadtökologie. Das Beispiel Berlin, D. Reimer Verlag, Berlin, 1989.

Wittig, R.: Ökologie der Großstadtflora, G. Fischer Verlag, Stuttgart, 1991.

Für viele ist der Artenreichtum der Städte, der mit deren Größe sogar zunimmt, zumindest etwas kaum Glaubliches oder gar eine Geschmacksverirrung der Natur. Die Bände, eine Auswahl aus einem viel größeren Material, belegen und begründen die Vielfalt der Natur in den Städten und zeigen ihr Potential.

Natur- und Umweltschutz

Dobson, A. P.: Biologische Vielfalt und Naturschutz. Der riskierte Reichtum, Spektrum, Heidelberg, 1996.
Moderne Übersicht über die Problematik der globalen Veränderungen und des Artenschutzes, sehr anschaulich, bestens illustriert, aber mit geringem Bezug auf die mitteleuropäischen Verhältnisse.

Kaule, G.: Arten- und Biotopschutz, Ulmer, Stuttgart, 1986.
Handbuch für die Naturschutzpraxis, auch für Behörden und allgemein Interessierte, mit vielen Beispielen auf Mitteleuropa konzentriert.

Scherzinger, W.: Naturschutz im Wald. Qualitätsziele einer dynamischen Waldentwicklung. Ulmer, Stuttgart, 1996.
Das derzeit wohl beste Buch über Naturschutz im Wald und darüber hinaus zur Problematik der Wälder, Forste und Waldentwicklungen, das vor allem Forstleute, Waldläufer und Naturschützer zu Rate ziehen sollten, bevor sie über Veränderungen im Wald urteilen.

Zum Weiterlesen

Leser, H.: Ökologie wozu? Der graue Regenbogen oder Ökologie ohne Natur, Springer, Berlin, 1991.
Eine höchst lesenswerte, kritische Auseinandersetzung mit der Ökologie, den Ökologen und den Ökologismen unserer Zeit.

Register

Register

Naturwissenschaftliche Einführungen im <u>dtv</u>

Herausgegeben von Olaf Benzinger

Das Innerste der Dinge
Einführung in die Atomphysik
Von Brigitte Röthlein
dtv 33032

Der blaue Planet
Einführung in die Ökologie
Von Josef H. Reichholf
dtv 33033

Das Chaos und seine Ordnung
Einführung in komplexe Systeme
Von Stefan Greschik
dtv 33034

Der Klang der Superstrings
Einführung in die Natur der Elementarteilchen
Von Frank Grotelüschen
dtv 33035
(Februar 1999)

Das Molekül des Lebens
Einführung in die Genetik
Von Claudia Eberhard-Metzger
dtv 33036
(Februar 1999)

Die Grammatik der Logik
Einführung in die Mathematik
Von Wolfgang Blum
dtv 33037
(Februar 1999)

Schrödingers Katze
Einführung in die Quantenphysik
Von Brigitte Röthlein
(In Vorb.)

Von Nautilus und Sapiens
Einführung in die Evolutionstheorie
Von Monika Offenberger
(In Vorb.)

Auf der Spur der Elemente
Einführung in die Chemie
Von Uta Bilow
(In Vorb.)

$e = mc^2$
Einführung in die Relativitätstheorie
Von Thomas Bührke
(In Vorb.)

Vom Wissen und Fühlen
Einführung in die Erforschung des Gehirns
Von Jeanne Rubner
(In Vorb.)

Schwarze Löcher und Kometen
Einführung in die Astronomie
Von Helmut Hornung
(In Vorb.)